그리스도인의 믿음과 성장

초 급 편

Bible Diagram

바이블다이어그램

이 준 철 목사

바이블다이어그램아카데미

Bible Diagram Academy

Pwckorea@hanmail.net

저자 **이 준 철** 목사

- 개혁신학연구원
- Haggai Institute 91-10 (한국총동문회 부회장)
- 내외선교전략연구소 대표
- 국제기도선교회(PWC) 설립 1991년
- 바이블다이어그램 아카데미 원장

〈 저 서 〉
- 나도 선교할 수 있다 쿰란출판사
- 백부장훈련(기독교지도자론) 쿰란출판사
- 기독교와 실용주의 세정출판사
- 선교전략학 세정출판사
- 바이블다이아그램 세정출판사

그리스도인의 믿음과 성장 (초급편)

CONTENTS 차례

제 1 편 기독교 이해

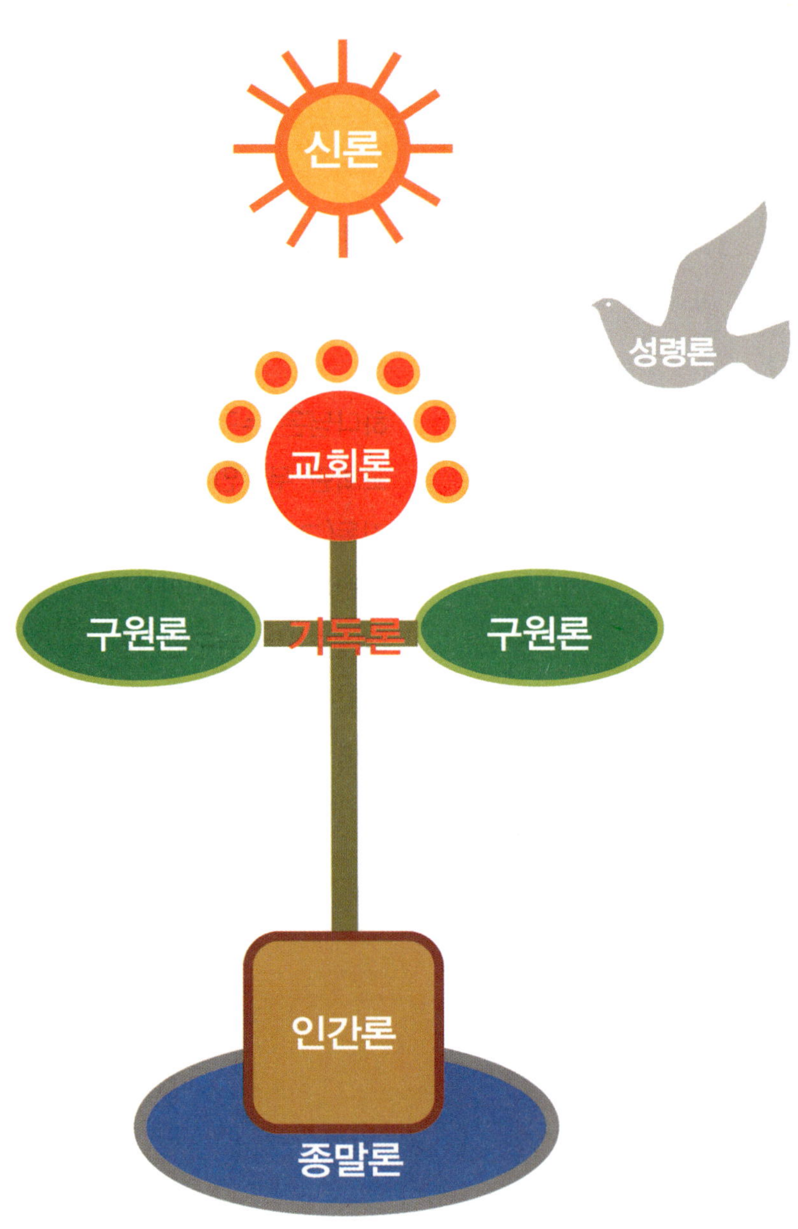

교의신학
(조직신학)
신론
성령론
교회론
구원론
기독론
구원론
인간론
종말론

"좋은 나무마다 아름다운 열매를 맺고- 그의 열매로 그들을 알리라." (마7:16-21)

사34:16
사40:18

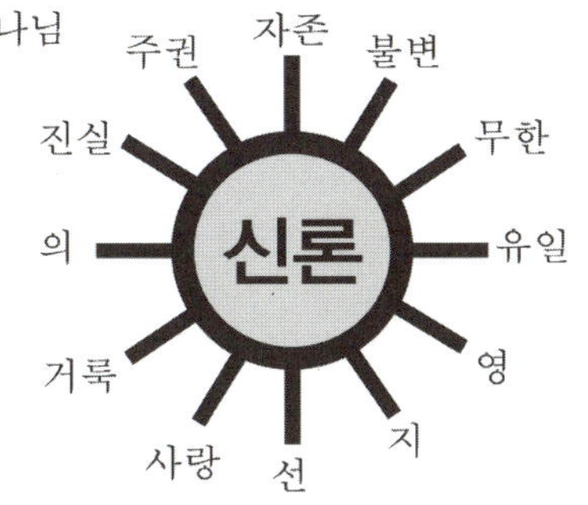

삼위일체 하나님-삼 인격인 삼위의 연대적인 사역   시84:10 말4:2 (신4:19, 17:3, 왕하23:5)

  *창조-본래적으로 성부 하나님
  *구속-성자 하나님
  *성화-성령 하나님
  (고전12:4, 마28:19, 고후13:14)

  하나님의 섭리-보존, 협력, 통치

"삼위일체" 참조

엡3:16 갈5:16-26, 6;7-8 고전
12:3-11 단4:8 눅3:22 요1:32,
3:5- 14:16-17 20:22 행2:1-4,
38-39, 19:2 마3:11,16 삿13:25
롬8:26 사44:3

고전6:19, 12:28 엡2:20-22
행7:49 렘7:4-7 마12:6
요2:17

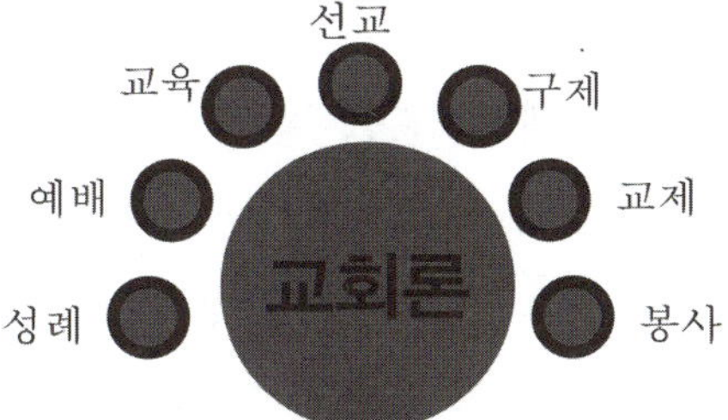

성령론

보혜사(helper) 권위자(comforter)

구원의 차서
  -부르심
  중생
  회심
  믿음
  칭의
  성화
  견인

"5대 강령" 참조

"교회" "예배" "성막" 참조

구원론   기독론   구원론   행4:12 롬1:16 딤전2:4
                                  "구원" 참조

基督-Christ의 한자식 표기=그리스도. 메시아("기름부음 받은 자")
신,인의 2성1인격
사역-선지자, 제사장, 왕
마27:46 요10:30, 17:5, 19:28

창3:19 고후4:7 사64:8 렘18:4,6   "속사람 겉사람"
    사45:9, 64:8 롬9:21   "하나님의 형상과 모양" 참조

인간론

계6:14, 20:1-6, 21:1-2, 22:20,
    마25:31 요5:27 행10:42   "종말", "부활" 참조
    살전4:16-17 시73:17
종말론

제 1 과 하나님은 누구이신가?

가. 하나님은 누구이신가?

1. 하나님에 관한 지식

하나님은 이해할 수 없으나 인식할 수 있는 하나님이시다. "그런즉 너희가 하나님을 누구와 같다 하겠으며 무슨 형상에 비기겠느냐?"(사40:18) "또 아는 것은 하나님의 아들이 이르러 우리에게 지각을 주사 우리로 참된 자를 알게 하신 것과 또한 우리가 참된 자 곧 그의 아들 예수 그리스도 안에 있는 것이니 그는 참 하나님이시오 영생이시라."(요일5:20)(요17:3) 하나님은 존재하신다.

하나님은 그 자신을 그의 신적인 말씀 가운데 계시하셨다. 그렇기 때문에 기독자는 하나님이 존재하신다는 진리를 신앙으로 받아들인다. 그러나 이 신앙은 맹목적인 신앙이 아니라 근본적으로 하나님의 영감된 말씀인 성경에서 발견되고 이차적으로 하나님의 자연계시에서 발견된다.

유한은 무한을 파악하지 못한다. 하나님에 대한 참된 지식은 오직 신적 자기계시를 받아들이는 사람에 의해서만 얻어질 수 있다.

* 일반계시-성경은 하나님의 이중적인 계시에 대해 증언하는데 그중 하나는 우리 주위에 있는 자연, 사람의 의식, 세계의 섭리적인 통치에 나타난 계시이며(행14:17)(롬1:19) 또 다른 하나는,

* 특별계시-하나님의 말씀으로 성경에 구체화된 계시이다.(딤후3:16, 벧후20-21)

2. 하나님의 이름

하나님은 스스로 계신 분이기 때문에 이름이 필요하지 않으시다. 그러나 하나님은 자신을 사람들에게 알리시기 위하여 사람의 수준까지 낮아지셔야 했으며 그 자신을 제한되고 유한한 인간의식에 순응하셨고 사람의 언어로 말씀하셨다.

3. 하나님의 속성

1) 자존성 – 하나님은 그의 존재의 근거를 그 자신 안에 가지고 계신다.(요5:26, 시94:8,사40:18,행7:25 외) 또한 하나님은 그의 사상, 의지, 능력 그리고 계획에서 독립적이시다.

2) 불변성 – 하나님은 모든 생성보다 초월하시며 그의 실유와 완전성에서 증가와 감소, 성장과 쇠퇴에서 자유하신다. 그의 지식과 계획, 도덕적 원리, 의지는 영원히 동일하시고 그의 이성도 변화가 없으시다.(출3:14,시102:26-,사41:4 외)

3) 무한성 – 하나님의 무한성은 제한이 전혀 없으신 하나님의 완전성이다. 이 무한성은 하나님에 의해서만 완전히 이해될 하나님의 실재이다.(벧후3:8,욥11:7-,시145:3,마5:48,행17:27 외)

4) 유일성 – "이스라엘아 들으라. 우리 하나님 여호와는 오직 하나인 여호와시니"(신6:4)

5) 영성 – "하나님은 영이시라."(요4:24)

6) 지성(지식,지혜)– 하나님의 지혜는 하나님께서 언제나 가능한 최선의 목적을 추구하시고 그의 목적들을 실현하시기 위하여 최선의 수단을 선택하신다.(삼상2:3,욥12:13,시94:9 외)

7) 선 – "하나님 한 분 외에는 선한 이가 없느니라."(막10:18) 하나님의 선은 그의 모든 피조물들을 관대하고 친절하게 취급하시도록 고무시키는 그의 완전성이다.(시145:9 외)

8) 사랑(은혜, 자비와 긍휼, 오래참음)–하나님의 중심적 속성이다.(엡1:6,2:7-,딛2:11,눅1:54 외)

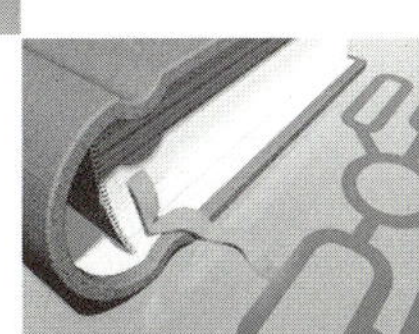

9) 거룩 – 하나님께서 영원히 자기자신의 도덕적 우월성을 인도하시고 유지하시며 죄를 미워하시며 도덕적 피조물들에게서 순결을 요구하시는 그의 완전성.(행3:14, 욥34:10 외)

10) 의 – 하나님이 그 자신을 그의 거룩한 모든 침해에 대하여 유지하시며 모든 점에서 그가 거룩하신 분임을 나타내시는 하나님의 완전성이다.(스9:15, 느9:8, 시119:137, 계16:5)

11) 진실 – 하나님은 그의 약속을 이행하심에 있어서 신실하시다.(민23:9, 고전1:9, 히10:23 외)

12) 주권 – 그는 가장 절대적인 의미에서 왕으로 지배하시며 또한 만물들은 그에게 의존되며 추종된다.(창14:19, 신10:14, 대상29:11-, 눅1:53, 행17:24- 외)

4. 삼위일체의 하나님

하나님은 본질상 한 분이시나 이 한 분 안에 성부. 성자. 성령이라 불리워지는 세 가지 양상의 인격을 가지신 삼위로 존재하신다. 사람은 단인격(uni-personal)이고 하나님은 삼인격(tri-personal)이시다. 성경은 결코 삼위일체 교리를 추상적인 진리로 취급하지 않는다.

특히 창조와 섭리의 역사들과의 관계와 구속의 역사와의 관계에서 그러하다. 신약에서의 삼위일체의 보다 완전한 계시는 말씀이 육신이 되셨다는 사실과 성령이 교회를 그 거처로 삼으셨다는 사실에 근거하고 있다. 하나님 안에 세 개의 개체가 서로 종속적으로나 수직적으로나 하나이다. "아버지와 아들과 성령의 이름으로 세례를 주고-"(고전12:4, 마28:19, 고후13:14 외)

삼위의 연대적인 사역

*창조-본래적으로 성부 하나님. *구속-성자 하나님. *성화-성령 하나님.

나. 하나님의 사역

1. 하나님의 일반적 작정
하나님께서는 영원부터 주권적으로 결정하시며 또한 그의 예정된 계획을 따라 자연적 또는 정신적인 모든 피조물에 자기의 주권적인 의지를 행사하신다.

2. 하나님의 신적 작정의 성질
"하나님의 작정은 자신의 의지의 계획에 의한 그의 영원하신 목적이며 이로써 그는 그 자신의 영광을 위해 일어나는 일은 무엇이든지 미리 예정하셨다."(웨스트민스터 소요리 문답)
가) 하나님의 신적 작정은 단일적이고 전 포괄적이며 동시적인 행동이고 또한 영원하고도 불변적이다.
나) 하나님의 신적 작정은 신적 지식과 밀접한 관계를 가지고 있다.
다) 하나님의 신적 작정은 하나님과 사람 양자에 연관되어 있다.
라) 하나님의 신적 작정은 행동하려는 그 자체는 아니고 사물들의 미래성을 확실케 만드는 신적 속성들의 내적인 현현과 실행이다.

3. 하나님의 신적 작정의 특징
가) 신적 지혜가 기초되어 있다.
나) 영원적이다.
다) 효과적이다. 허용적이다.
라) 불변적이다.
마) 무조건적이거나 절대적이다.
바) 보편적이거나 전 포괄적이다.
사) 죄에 관하여는 허용적이다.

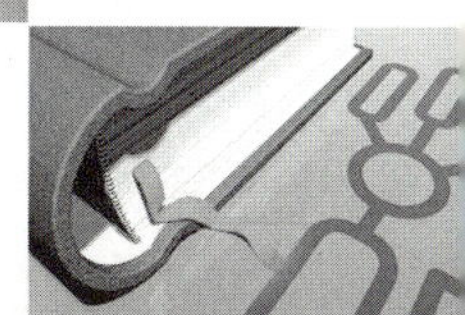

4. 예정

예정이라는 단어는 하나님의 모든 도덕적 피조물들에 관한 하나님의 목적을 나타내는데 쓰인다.

가) 주체(창시자) - 예정의 작정은 모든 부분에서 의도와 의지가 동일하신 삼위일체 하나님 안에 계신 세 인격들의 일치적인 행동이다

나) 대상자들 -

  1)모든 선한 사람들과 악한 사람들.

  2)모든 선한 천사들과 악한 천사들.

  3)중보자로서 예수 그리스도

다) 부분들 -

  1)선택 - 하나님께서 그의 주권적 기뻐하심 가운데서 또한 그들 속에 예견된 공로가 없기 때문에 어떤 일정 수를 선택하여 특별 은혜와 영원한 구원을 받아들이는 자가 되게 하는 하나님의 영원한 행위이다.

  2)유기 - 하나님이 어떤 사람들을 그의 특별 은혜의 작용으로 지나가 버리고 그의 공로를 나타내기 위해 그들의 죄 때문에 그들을 형벌하기로 작정하신 그의 영원적 작정이다.

5. 창조

하나님의 창조는 모든 신적 계시의 시작이요 기초이며, 따라서 모든 윤리적이고 종교적인 생활의 기초가 된다. 하나님이 만물의 기원이며 또한 만물들은 그에게 속하며 그에게 종속된다. (히11:3)

가) 창조의 개념-교회의 신앙은 사도신경의 "전능하사 천지를 만드신 하나님 아버지를 내가 믿사오니-"이다. 창조는, 하나님이 그의 주권적 의지를 따라 그의 자신의 영광을 위하여 태초에 모든 가시적 또는 불 가시적인 우주를 무에서 생성하시며 그 자신과 구별하여 존재케 하시되 언제나 그에게 의존케 하신 그의 자유적 행동이다.

나) 창조는 삼위일체적 하나님의 행동이다.

다) 창조는 하나님의 자유적 행동이다.

라) 창조는 하나님의 시간적 행동이다.

마) 창조는 무로부터 어떤 것을 생성케 하는 행동이다.

바) 창조는 세계를 구별되면서도 언제나 의존적으로 존재케 한다.

사) 창조에서의 하나님의 궁극적인 목적은

    1) 사람의 행복이다.―하나님은 그 자신을 그의 피조물에게 알리기를 원하셨으며, 또한 그들의 행복은 하나님이 유의하시는 목적이다.

    2) 하나님의 선언적 영광이다.―창조에서의 하나님의 최고 목적, 즉 그의 영광의 현현은 종속적인 목적으로서 그의 피조물들의 행복과 구원, 감사하고 존경하는 마음들로부터 찬송을 받으시는 것이다.

6. 섭리

섭리란 창조주께서 그의 모든 피조물들을 보존하시며 세계에서 생성하는 모든 일에 작용하시며 또한 만물을 그것들의 정해진 목적으로 지도하시는 신적 세력의 지속된 수행이며 여기에는 세 가지 요소가 있다.

    1) 보존

    2) 협력

    3) 통치

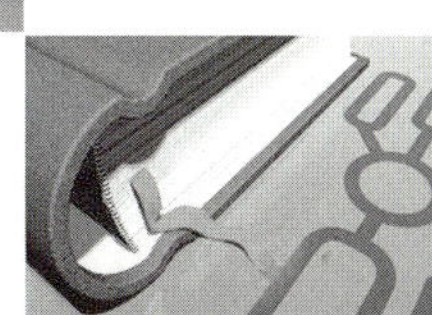

제 2 과 교회란 무엇인가?

1. 교회의 정의

교회란 예수 그리스도를 구주로 인정하는 무리들의 모임체이다.

칼빈은 "그리스도 안에 있는 한 하나님을 예배할 것을 공인하며 세례에 의해 이 신앙에로 가입되며 성만찬에 참여함으로서 교회와 자선에서의 자신들의 일치를 입증하며 하나님의 말씀에 동의하며 그 말씀을 전파하기 위하여 그리스도에 의해 정해진 사역을 유지하는, 세계에 흩어진 무리들"이라고 정의하고 있다.

2. 교회의 속성

교회는 통일성. 거룩성. 보편성. 불변성(불멸성)의 특성을 갖는다.

3. 교회의 사명

교회는 예배. 성례(성만찬.세례). 교육. 선교(전도). 구제. 교제. 봉사 등의 사명을 수행한다.

4. 교회의 회원

1) 입교인-18세 이상의 세례교인이 입교식을 마친 자.

2) 세례교인-14세 이상 학습 후 6개월 이상 교인의 의무에 충실하며 당회장의 인정을 받은 자.

3) 유아세례교인-만2세 미만의 유아로서 부모 중 1편 이상이 입교인인 자의 자녀.(18세에 입교식 후 입교인이 되며 14세에 세례 문답 후에 성찬권을 부여받음.)

4) 학습교인-원입교인으로서 6개월 이상 교회의 규칙에 진실된 자로서 14세 이

상인 자.

5) 원입교인(등록교인)-구원을 얻고자 회개하고 주를 믿기로 작정하여 교회에
   등록한 자.

5. 교회의 명칭

교회는 구약시대에 카할("부르다")이라는 단어로 교회를 의미하기도하였고 신
약시대에는 에클레시아("불러내다")라는 단어가 주로 교회의 의미로 사용되었
다. 이밖에도 *그리스도의 몸. *성령의 전. *하나님의 전. *새 예루살렘. *진리의
기둥과 터. *신령한 집 등으로 표현되고 있다.

6. 교회의 권위

1) 교회는 영적 권세를 갖는다. 이 권세는 하나님의 성령에 의해 주어지며(행
   20:28), 그리스도의 이름으로 수행된다.(요20:22-23)(고전5:4) 여기에는 교
   리권과 치리권과 사역권의 세 가지 직무로 세분된다.

2) 교회는 사역적 권세를 갖고 있다. 이 권세는 사랑을 실천하고(마22:37-40 죄
   를 용서하고 존속하는 것(요20:23), 교회에서의 권징의 수행(마16:18.18:17)
   (고전5:4)(딛3:10)(히12:15-17)등이다.

7. 교회의 표식

1) 말씀의 참된 전파(요일4:1-3)(요이9)

2) 성례전의 정당한 집행(마28:19)(막16:16)(행2:42)

3) 권징의 신실한 이행(마18:18)(고전5:1-5,13, 14:33.40)(계2:14,15,20).

8. 교회의 행정체계

총회(교단)-교회(노회)-지교회(당회를 비롯한 각 기관과 교회 회원)

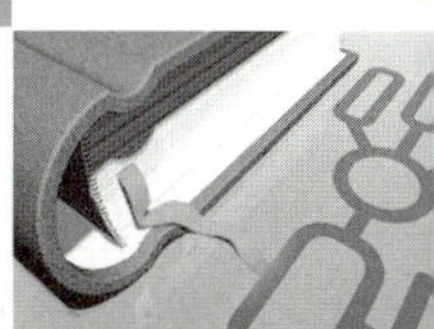

제 3 과 기독(그리스도)은 누구이신가?

기독(基督)이란 그리스도("기름 부음 받은자")의 한자식 표기이며 메시야를 의미하는 신약적 표현이다.

1. 그리스도의 본성
그리스도께서는 신성과 인성의 모든 본질을 소유하시는 이성일인격(二姓一人格)의 신인(神人)이시다.(요10:30.17:5.19:28.마27:46)

2. 그리스도의 신분
가. 낮아지신 부분

    1)성육신-하나님의 아들로서 인성을 취하시고 육신이 되심은 대속제물로서 구속을 완성하시기 위함.(롬3:24-25. 5:10-)

    2)고난-우리의 죄악을 담당하시기 위함.(사53:5-9. 히5:8.)

    3)죽음-우리의 저주를 대신 짊어지심.(신21:23. 갈3;13. 롬5:8)

    4)장사-인생은 흙으로 돌아감.(창3:19)

    5)지옥에 내려가심-흑암의 권세에 대한 승리.(시16:8-10. 엡3:18)

나. 높아지신 부분

    1)부활- 가)그리스도의 부활은그리스도가 율법의 모든 요구에 응하셨다는데 대한 하나님의 선포.(빌2:9)

        나)그리스도의 부활은 성도의 칭의(의롭다하심)와 중생(거듭남)과 최종 부활을 상징.(롬6:4,5,9.고전6:14, 15:20-)

        다)그리스도의 부활은 성도의 칭의와 중생과 부활의 원인.(롬

4:25, 5:10. 엡1;20 외)

2)승천-가)그리스도의 인성의 현저한 영화.

나)그리스도께서 보좌에서 중보자의 역할.

다)우리도 하늘에 있는 처소에 거할 것이라는 확신의 증거.

3)하나님 우편에 계심-하나님의 권능과 영광의 처소를 상징하는 하나님의 우편에서 그리스도께서는 그의 교회를 다스리며, 보호하시며, 우주를 통치하시며, 그의 완전한 희생에 근거해서 그의 백성을 위해 중재의 역할을 하신다.

4)육체적 재림-산 자와 죽은 자를 심판하러 오실 때 그리스도의 높아지심은 최절정에 달하게 된다.(요5:22,27. 행10;42. 롬2:16. 고후5;10. 딤후4;1). 그리스도의 재림시기는 우리에게 알려지지 않았으나 재림은 그의 구속사역의 완전한 승리를 선포하게 된다.

3. 그리스도의 사역

가. 선지자직-하나님의 계시를 전달한다. 그리스도의 선지자적 사명은 지금도 말씀의 역사와 신자들의 영적 조명을 통해서 계속되고 있다.

나. 제사장직-1)그리스도의 희생사역   2)그리스도의 중보자적 사역

다. 왕   직-1)그리스도의 영적 왕권   2)그리스도의 우주적 왕권

4. 그리스도의 속죄

가. 우리의 죄사함은 하나님의 참된 기쁨이다.(사53:10. 눅2:14. 엡1:6-9 외)

나. 하나님께서는 죄인들의 속죄를 위하여 그리스도를 대리자로서 죄의 형벌을 짊어지고 생명을 바치게 하셨다.

다. 속죄는 그리스도의 하나님께 대한 순종의 모범이다.

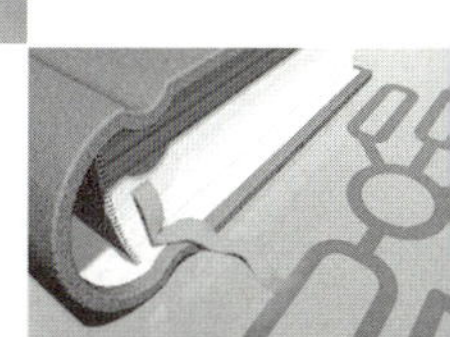

제 4 과 구원이란 무엇인가?

인간의 구원에 있어서 은혜로우신 하나님은 계획하시고 그 일을 성취하시는데 그 차서(순서)는 다음과 같다.(행26:17-18)

1, 부르심(소명)

선교를 통해 죄인이 구원받도록 초청된다. 이 부르심은 예수 그리스도와의 교제를 이룩하게 하는 부르심이며(고전1:9) 축복을 누리게 함이며(벧전3:9), 자유함을 얻게 함이며(갈5:13,요8:32), 화평케 하기 위함이며(고전7:15), 거룩함을 위함이며(살전4:), 소망을 위함이며(엡4;4), 영생을 위함이며(딤전6:12), 하나님 나라와 영광을 위한(살전2;12) 부르심이다.

2. 중생(거듭남)

새 생명의 원리와 영혼의 지배적 성향을 거룩하게 하는 근본적 변화로서 인간의 전인격에 영향을 미친다.(고전2:14,고후4:6 외)

3. 회심(회개)

하나님께서는 중생한 자로 하여금 그들의 의식적 생활 가운데 믿음과 회개를 통하여 하나님께로 돌아오게 하신다.(행11:18.딤후2:25)

4. 신앙(믿음)

구원을 얻기에 합당한 믿음은 성령에 의해 마음속에 일어나는 진리에 대한 지적. 감정적. 의지적 확신이며 하나님의 약속에 대한 진실한 신뢰이다.

5. 칭의(의롭다 하심)

예수 그리스도의 완전한 의에 근거해서 죄인의 신분에 영향을 주어 의롭다고 선언하시는 공의의 하나님의 합법적 행위이다.(롬3;20-28, 5:1 외)

6. 성화(거룩)

성화란 인간의 영혼 속에서 죄로부터 분리되게 하는 신적 활동이다.(롬6:12, 고전1:15,20. 요6:45 외) 이와 같은 성화는 성도들로 하여금 선행의 생활로 인도하여 믿음의 열매(약2:14 외), 감사의 표현(고전6:20), 믿음의 확증(살후1:5- 10) 과 하나님의 영광을 위하여 필요하다.(요15:8, 고전10:31)

7. 견인(인내)

성도에게 임하는 하나님의 은혜가 계속되고 성숙하고 완성되도록 역사하시는 성령의 지속적인 역사로서 성도의 적극적 참여가 요구된다.(요10:28.29, 롬11:29, 빌1:6. 살후3:3, 딤후1;12,4;18)

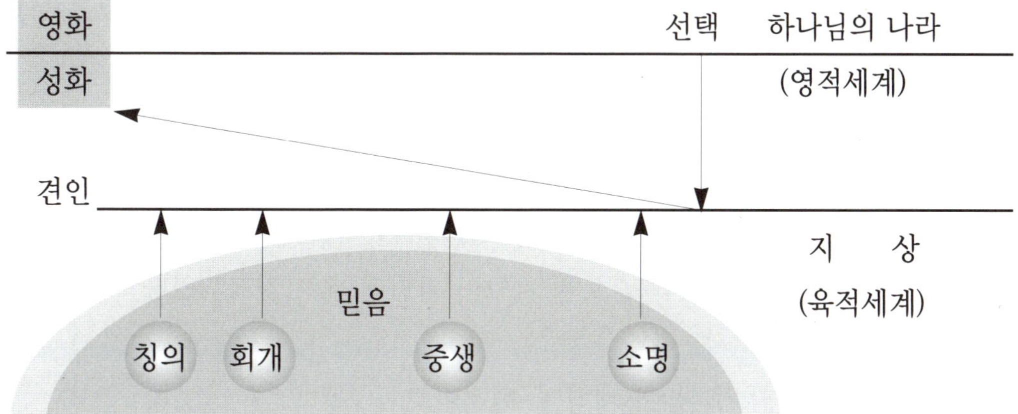

제 5 과 나(인간)는 누구인가?

1. 인간의 본질적 요소

영-생명과 행동의 원리로서 영과 혼과 육을 지배하며

혼-인격의 주체로서 생각하며 의지하면서 희로애락의 장소가 되고

육-영혼을 담고 활동하게 하는 제한된 요소로 구성된다.

2. 인간의 창조

영혼은 하나님의 지·정·의의 형상과 모양에 따라서 순수하게 창조되었다. 그러나 죄의 복잡성으로 말미암아 영혼은 죄로 더러워질 수 있다.

3. 인간과 행위계약(타락 전)

하나님께서는 인간과 계약관계를 맺으셨다. 이 계약은 영생의 약속이고 이 계약의 조건은 절대적 순종이다. 따라서 이 계약의 위반에 따른 형벌은 영,혼,육의 죽음이다. 그러나 이 행위계약은 그리스도 안에 있는 자들에게는 유효하다. 왜냐하면 그리스도께서 그리스도 안에 있는 우리들을 위하여 계약의 법적 요구를 대신 완성하셨기 때문이다.

4. 죄의 상태에 있는 인간(타락 후)

1. 죄의 기원-인간의 최초의 죄(원죄)는 하나님과의 행위계약의 징표인 선악과를 따 먹음으로써 계약이 파기된 데서 시작되었다. 이것은 질서의 파괴로서

   가) 하나님에 대하여-원죄이고

나) 자신에 대하여는 유죄성(부패성)이고

다) 이웃에 대하여는 도덕적, 관념적 죄가 되는 것이다.

2. 죄의 본질

가)죄는 특별 악이다.

나)죄는 인간 자신이 책임져야할 절대적 성질을 갖는다.

다)죄는 하나님의 뜻에 불법과 불순종으로 반대한다.

라)죄는 죄책감의 형벌과 부패성의 오염을 내포한다.

마)죄는 인간의 지·정·의와 인간 전체에 영향을 미친다.

3. 원죄와 본죄(자범죄)

죄의 본질상 최초의 인간인 아담의 죄의 속성은 원죄로서 우리의 의지와 관계없이 후손된 우리에게 전가되어 전적으로 타락된 죄인으로 태어났으며 또 우리의 의지에 따라 각 개인의 고유한 성질과 경향으로부터 발생하는 본죄(자범죄)로 인하여 인간은 죄의 상태에 있게 된다. 그렇기 때문에 인간은 그리스도 예수 안에 있는 구속이 절대적으로 필요하다.

5. 은혜계약 안에 있는 인간(중생)

1) 구속의 계약-삼위일체 하나님을 대표하는 성부 하나님과 하나님의 백성을 대표하는 성자 하나님 사이의 계약으로서 인간의 구속을 목적으로 약속한다.

2) 은혜의 계약-죄인들을 향한 하나님의 은혜의 열매와 표현이므로 영원히 폐할 수 없는 은혜로운 계약이다.

3) 신약의 새 계약-신약에 계시된 새 계약은 본질적으로 구약의 계약과 동일하다. 그러나 신약의 계약은 특정한 민족이나 사람의 장벽을 깨뜨리고 하나님의 축복이 모든 사람들에게 확장된다는 점에서 보다 우주적으로 충만하고 은혜로운 영적인 축복이다.

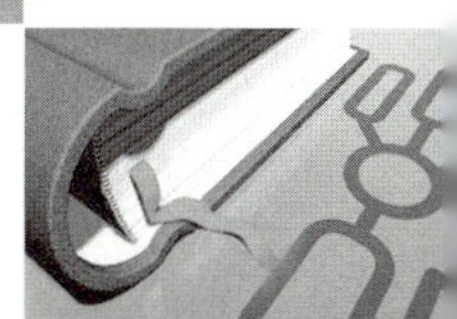

제 6 과 종말은 언제일까?

성경에는 종말을 죽음으로 표현하고 있으며 1. 육체적 죽음(영혼과 육의 분리) 2.영적 죽음(거듭남으로서 영적 삶을 살 수 있다) 3. 영원한 죽음(제2의 사망)으로 구분하고 있다.

1. 개인적 종말

인간의 육체적 죽음은 죄 값이다. 그러나 신자의 죽음은 죄의 형벌(창2:17. 롬 5:12,17. 6:23)이라는 의미와 함께 성화의 과정에 있어서 매우 중요한 요소의 의미도 강하게 갖는다. 이와 같은 죽음은 인간을 더욱 겸손하게 하며, 육욕을 극복하게 하며, 영적 생활과 영적 성장을 도모하게 한다. 그러므로 신자는 항상 개인적 종말에 대한 준비를 하면서 성도로서의 귀하고 보람된 삶을 살아야 한다.

2. 일반적 종말

성경은 그리스도의 초림이 있은 후에 재림이 있다고 약속하고 있으며(마24:30. 행1:11. 빌3:20. 살전4;15 외) 재림 전에는 여러 가지 사건들이 일어난다고 예언하고 있다.

　　가. 이방인의 부르심

　　나. 이스라엘의 회심

　　다. 큰 배도(믿음을 배반)와 큰 재난

　　라. 적 그리스도 출현

　　마. 표적과 기사

3. 그리스도의 재림

그리스도의 재림의 확실한 시기는 천사나 인자(부활 전의 그리스도)라도 아무도 알 수 없다.

  가. 상징적이 아닌 인격적, 육체적인 재림.(행1;11. 20:21. 마24:44. 고전 15:33. 골3;4. 히9:28 외)

  나. 돌발적이며 불시에 재림.(마24:37-44. 살전5:2-3. 계3:3,16:15 외)

  다. 영광 속에 재림.(히9:28. 마24:30. 살전4:16 외)

4. 천년왕국

현시대의 하나님의 나라는 예수 그리스도의 재림에 비로서 완성되어 영원한 하나님의 나라에 들어가게 된다.(사9:27.단7:14.눅1:3.히1:8.계11:15.마7:21,8:8-9.막10:25 외)

5. 부활

그리스도는 부활의 첫 열매로서 의인의 부활은 천국에서의 영,육의 영광스러운 영생의 부활이며 악인은 지옥에서 영벌의 죽음에 이르게된다.(롬8:11,23.고전 6:13-20. 15:)

6. 최후심판

모든 사람은 최후에 심판을 받게 되며 중보자 되신 예수 그리스도가 이때에 심판주가 되신다.(마25:31. 요5:27. 행10:42 외)

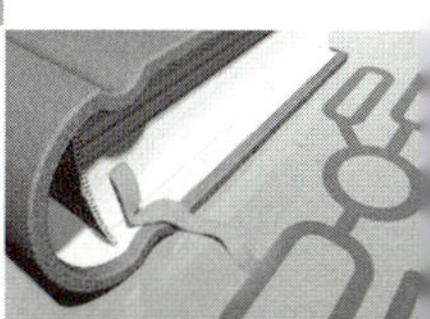

제 7 과 성령님은 누구이신가?

1. 성령의 속성

한 성령(엡4:4), 일곱 영(계1:-), 영원한 영(행9:14), 영광의 영(벧전4:14), 성령의 영(롬8:2), 거룩한 영(시51:11)(마1:21), 지혜의 영(엡1:17), 진리의 영(요14:17), 자유의 영(시51:12), 은혜의 영(성령 충만)(히10:29), 은혜와 간구의 영

2. 성령의 신성

영원하심(히9:14), 전지하심(요14:26, 16:12-13)(고전2:10-11), 전능하심(욥26:13, 눅1:35), 편재하심(시139:7-10), 생명을 주심(창2:7, 요6:63), 인간을 구원하심 (고전6:11), 성부 성자와 동격(마28:19, 고후13:13)

3. 성령의 인격

성령은 지적(知的)이다(고전2:10-11, 엡1:7), 성령은 정적(靜的)이다(사11:2,엡4:30), 성령은 의지적(意志的)이다(고전12:11)

4. 성령의 표상

능력의 옷(고후5:3, 엡4:24), 비둘기(막1:10, 눅3:22, 마3:16, 계7:2), 인(고후1:22, 엡1:13, 4:30), 불의 혀(출3:1, 마3:11), 기름(출27:20-21), 물(요4;14, 7:38-39, 3;5), 바람(요3:8), 비와 이슬(시72:6)

*방언은 성령세례의 표가 아니고 연관되지 아니한다(고전12:13, 30)

5. 오순절 성령강림의 특성

1. 성령의 오심 사건, 2. 내주하시는 사건, 3. 충만하시는 사건

6. 성령의 사역

창조사역(창1:1), 능력주심(슥4:1, 행1:8), 가르치심(요16:13), 인도하심(롬8:14,
사48:16), 위로하심(요14:26), 기도하심(롬8:16), 깨닫게 하심(요16:8),
명령하심(행8:29, 13:2), 말씀하심(계2:7), 중보하심(롬8:26),
증거하심(요13:26), 지명하심(행20:28)

7. 성령사역의 특성

* 구약-생명(시104:30)(욥33;4), 질서(사40:12)(욥26:13), 단장(시33:6), 보전
  (시104:30)
* 신약-가르치시고(요16:13), 위로하시고(요14:16), 인도하시고(롬8:14), 확신
  을 주시고(롬8:16)

8. 성령세례

1. 세례사역-세례 베푸시는 당사자는 예수 그리스도(마3:11)(막1:8)(요
   1:33)(행1:5)
2. 성령 세례의 효과-그리스도의 몸에 연합시킴. 성도들의 연합. 중생(새
   생명)

9. 성령의 선물

은사들이 주어짐. 사역이 강화됨.

10. 성령 충만의 방법 – 성령의 지배를 받는 것(엡5:18)

1) 회개하고 죄사함을 받을 것(행2:38-39)
2) 하나님의 말씀을 믿음으로 받을 것(행3:4-7)

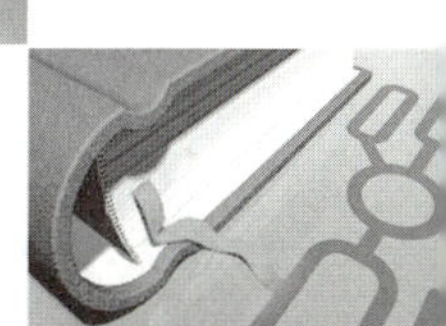

3) 하나님께 순종할 것(행5:32)

4) 성령의 일을 생각할 것(롬8:5)(갈1:8-9)

5) 확신을 가지고 구할 것(눅11:9, 13)(엡5:18)(요7:37-39)

11. 성령 충만의 결과

사역의 능력(눅1:11-12), 시험을 이김(행2:1-4), 진리를 증거(4:5-9),(행4:21-23), 담대함(행6:1-3, 9:20-27), 기쁨 충만(행13:42-52), 열심(엡5:18-21)

12. 성령강림

(요738-39, 14:16-18, 16:7-10), (행2;33, 1;4-5, 1:8)

13. 성령의 열매

(갈5:22-23)-사랑, 희락, 화평, 오래 참음, 자비, 양선, 충성, 온유, 절재

제 2 편　하나님과의 관계

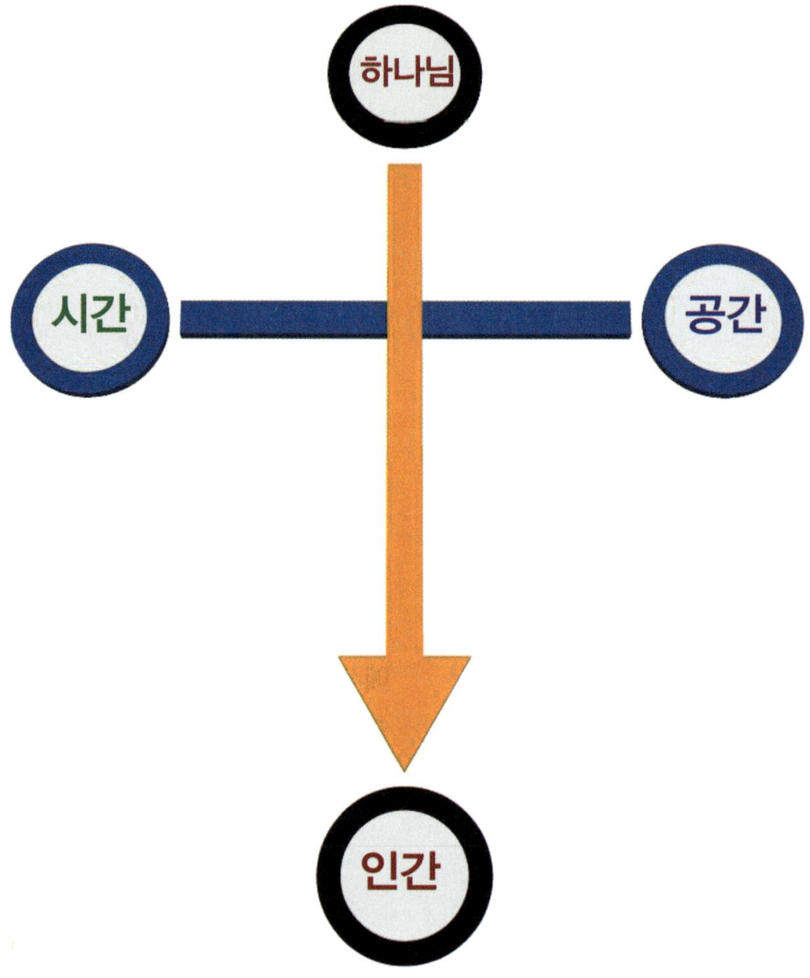

(성육신(Incarnation)하신 J.X. 안에서 구체화 됨)

하나님의– 형상(Image) : 만물의 영장 (문화명령–Cultural Mandate)의 동역자
모양(Likeness) : 하나님의 사랑(복음명령–Gospel Mandate)의 동역자
—— Great commision

하나님의 형상과 모양

형상(Image)-內觀　모양(Likeness)-外觀

"의와 진리의 거룩한 상, 그림자"

사40:18　시17:15　민12:8　히1:3　벧후1:4-7　시49:20　골1:15　엡4:24　계1:12-17　고후4:4　롬2:10, 8:29

(성육신(Incarnation)하신　J.X. 안에서 구체화 됨)

하나님의- 형상(Image): 만물의 영장 (문화명령-Cultural Mandate)의 동역자
모양(Likeness): 하나님의 사랑(복음명령-Gospel Mandate)의 동역자
――― Great commision

"주 내게 부탁 하신 일 천사도 흠모하겠네-"

제 8 과 하나님의 형상과 모양

'형상' 은 형태(form)라는 의미와 상(image)이라는 개념의 두 가지 해석을 가질 수 있다. 이러한 형상과 모양은 나름대로의 법칙을 가지게 된다.

첫째, 다양성 속에서의 통일이다.

둘째, 이 통일성은 다양한 관계 요소들에 상호 의존한다.

셋째, 이 형상은 최고선(Supreme God)의 의지에 종속 된다.

1. 공간과 시간

"태초에 하나님이 천지를 창조하시니라."하신 말씀은 비로써 공간과 시간 뿐만 아니라 그 제한된 상황 속에서 다양한 피조물들과 인간 즉, 하나님의 형상과 모양이 시작됨을 선언하신 것이다.

창조주 하나님께서는 이 공간과 시간의 차원을 통해 우주만물을 창조하시고 그의 형상과 모양을 따라 인간을 창조하신 것이다. 때문에 창조주와 피조물은 그 특성상 상황을 달리 할 수밖에 없는 것이다.

즉 시간과 공간의 차원이 다른 것이다. 하나님께서는 이와 같은 모든 개념의 시간 위에 계시는데 창조된 시간의 형상인(形相因)은 신적작정인 것이고 질료인(質料因)은 혼돈(caos)인 것이다.

2. 하나님의 형상과 모양

"그런즉 너희가 하나님을 누구와 같다 하겠으며 무슨 형상에 비기겠느냐?"(사 40:18 우리 속에 있는 하나님의 형상(Image)과 모양(Likeness)은 존재의 복제나 모방이 아닌 신성의 특성 안에 있는 '의와 진리의 거룩한 모습이고 그림자' 인 것이다. 따라서 하나님의 형상과 모양은 존재유비가 아니고 관계유비인 것이다.

이는 마지막 아담으로 성육신(Incarnation)하신 예수 그리스도 안에서 이성일인격(二姓一人格)으로 구체화 되었다.

"그리스도는 하나님의 형상이니라." (고후 4:4)

"그는 보이지 아니하시는 하나님의 형상이요–" (골 1:15)

"이는 하나님의 영광의 광채시오 그 본체의 형상이시라–" (히 1:3)

3. 하나님의 형상과 모양의 사역

아담은 그가 130세 때에 자기 모양 곧 자기 형상과 같은 아들을 낳아 이름을 '셋' 이라 했다. 셋은 그의 이름이 의미하듯 '지정된 자', '인정된 자' 로서 하나님의 대위임명령 즉, 문화명령과 복음명령의 계승자인 것이다.

하나님의 형상은 구체적으로 문화명령(cultural mandate)인 것이고,

하나님의 모양은 구체적으로 복음명령(gospel mandate)인 것이다.

이와 같은 하나님의 위임명령은 결국 하나님의 형상과 모양의 회복을 위한 영생의 축복이며 예수 그리스도를 통한 지상의 교회 위에 주신 특별한 사명인 것이다.

이와 같은 하나님 형상의 회복은 우리 삶 속에서 한 순간에 성취되는 것이 아니고 천국에 이를 때 까지 평생을 통해 진행되어 나아가는 성화(聖化)의 영적인 프로세스인 것이다. 즉, 천로역정(天路歷程–Pilgrim 's progress)인 것이다.

그렇기 때문에 각 사람은 자신의 신앙 성숙도에 따라서 하나님의 형상과 모양이 보다 더 구체화될 수 있는 것이다. 인간을 만물의 영장이라 함은 인간의 심령 속에 영적 특성 즉, 하나님의 형상과 모양이 잠재되어 있기 때문인 것이다.

인간의 영, (혼), 육을 정의한다면 '형상설' (形象設)이라 말 할 수 있는 것이다.

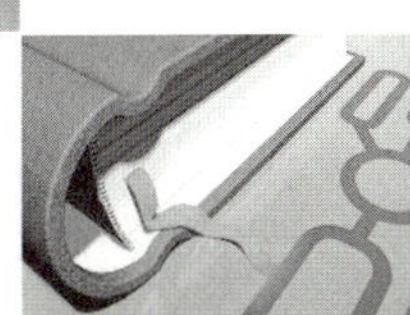

선과 악

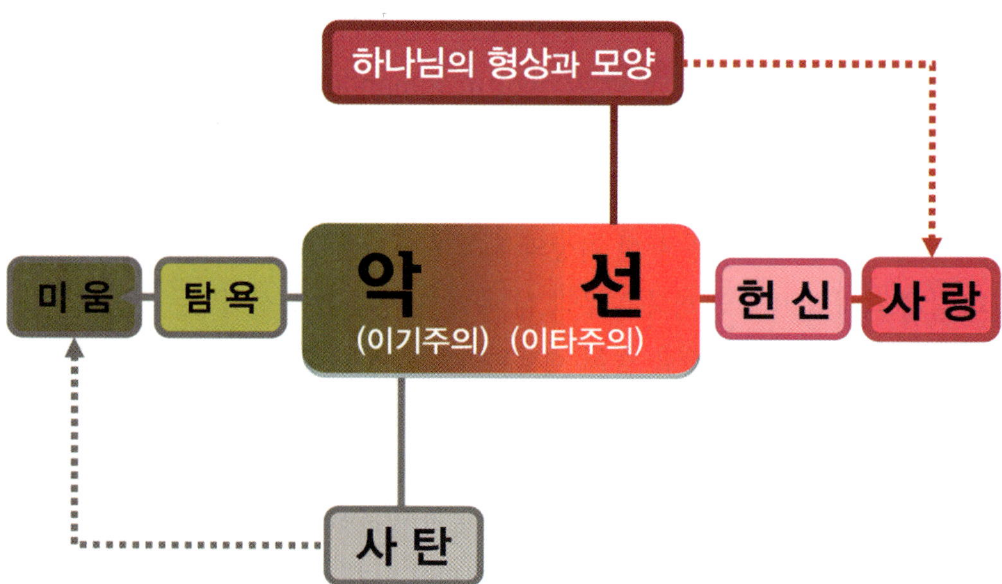

선과 악

마12:35　롬16:19　살후3:13　약4;17　롬2:17　시37:3-　시97:10
히5:14　딛2:14, 3:8　벧전3:17　왕상3:9-10　고후9:8　갈6:9-10　삼상24:17
롬12:21

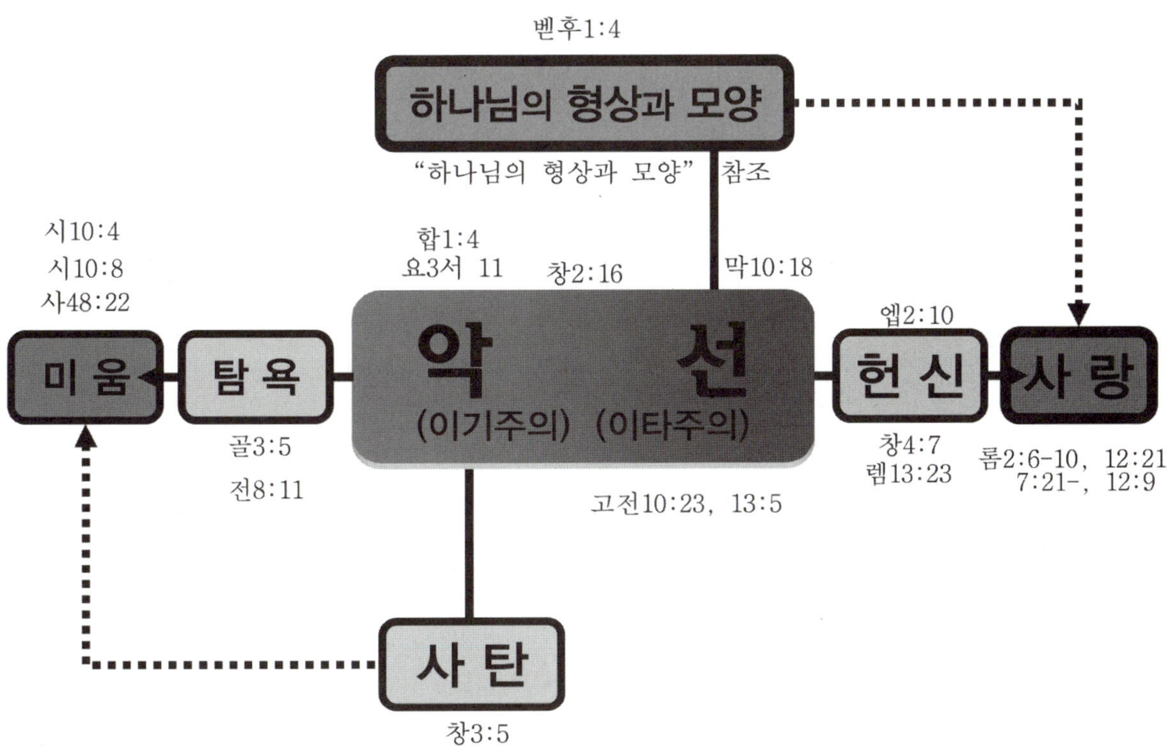

"죄", "영적리듬", "영적전쟁" 참조

제 9 과 선(善)과 악(惡)

천지창조 전에는 선과 악이 존재하지 않았다. 그렇기 때문에 선, 악의 상대적 개념이 필요 없었다. 따라서 이때에는 당연히 법도 필요하지 않았다. 단지 하나님의 말씀만 있었다. "있으라!" 하나님은 존재케 하시는 하나님이시다. 이때에 하나님의 형상과 모양으로 존재(창조)된 아담은 하나님의 의지의 표현이요 하나님의 신뢰의 대 위임이었다. 이 위임의 권위를 위하여 하나님의 약속의 법이 비로써 시작되었다. 선과 악의 상대적 개념이 형성되기 시작한 것이다.

하나님께서는 왜? 선악과를 만들어 놓아서 아담으로 하여금 먹게 하셨는가?

여기에 피조물의 정체성(Identity)이 있는 것이다. 피조물의 정체성 안에는,

첫째) 유한성을 가진다.

둘째) 독창성을 가진다.

하나님께서는 자기모순적으로 인간을 향하여 기계나 컴퓨터처럼 일방적 섭리를 할 수는 없는 것이다. 왜냐하면 하나님 자신의 형상과 모양을 따라 신성을 가진 인간으로 창조하셨기 때문이다. 그러나 인간은 저마다 이기적이고 탐욕적인 요구가 각각 다 다르다. 만일에 이러한 요구가 다 수용된다면 우주는 무질서와 혼돈에 빠질 것이다.

한 인간의 존재함은 우주적인 하나님의 사랑이고 하나님의 섭리인 것이다.

이것이 하나님의 "선"인 것이다. 인간의 "죄"는 이러한 "선"을 향한 오해와 열망에 대한 인간 탐욕의 좌절인 것이다.

여기에 그에 따른 선악과의 고통이 수반되는 것이고 그 좌절을 극복하고 다시 선을 향해 믿음의 길로 돌이키는 것이 회개이고 이 길을 예비해 놓으신 것이 하나님의 은혜인 것이다.

그렇기 때문에 인간의 "믿음"은 하나님의 선 즉, 하나님의 사랑을 감격하는 것이다. 이것이 인간 속에서 구체적으로 표현되는 정도에 따라 하나님의 형상과 모양이 성숙되고 회복되는 것이다.

여기에 인간의 영적의지에 따른 선택의 자유와 그 책임이 따르는 것이다. 물론 인간은 스스로 구원함에 관해서는 '전적무능' 한 존재이다. 그러나 "선"에 관해서는 '전적유능' 한 존재인 것이다. 왜냐하면 인간 속에 그와 같은 영적능력이 내제해 있고 또 그 부분이 약해져 있다 해도 도우시는 성령이 있어서 그를 의지하여 "선"을 즉, "사랑"을 이룰 수 있기 때문이다.

이 영적과정에서 악의 유혹은 충분히 있을 수 있는 일이다. 그것은 창세부터 종말에 이르기까지 어떤 면에서는 "하나님 사랑"의 반증의 역할로 사용되기 때문이다.

아담은 왜 생명나무의 실과보다 선악을 알게 하는 실과부터 먹었는가? 거기에는 "먹음직도 하고 보암직도 하고 지혜롭게 할 만큼 탐스럽기도 한" 것으로 인식되었기 때문이다.

선과 악은 흑백논리에 따라 적대적 입장에 있는 존재의 문제가 아니라 서로 상대적 입장에 있는 상태의 문제인 것이다.

죄

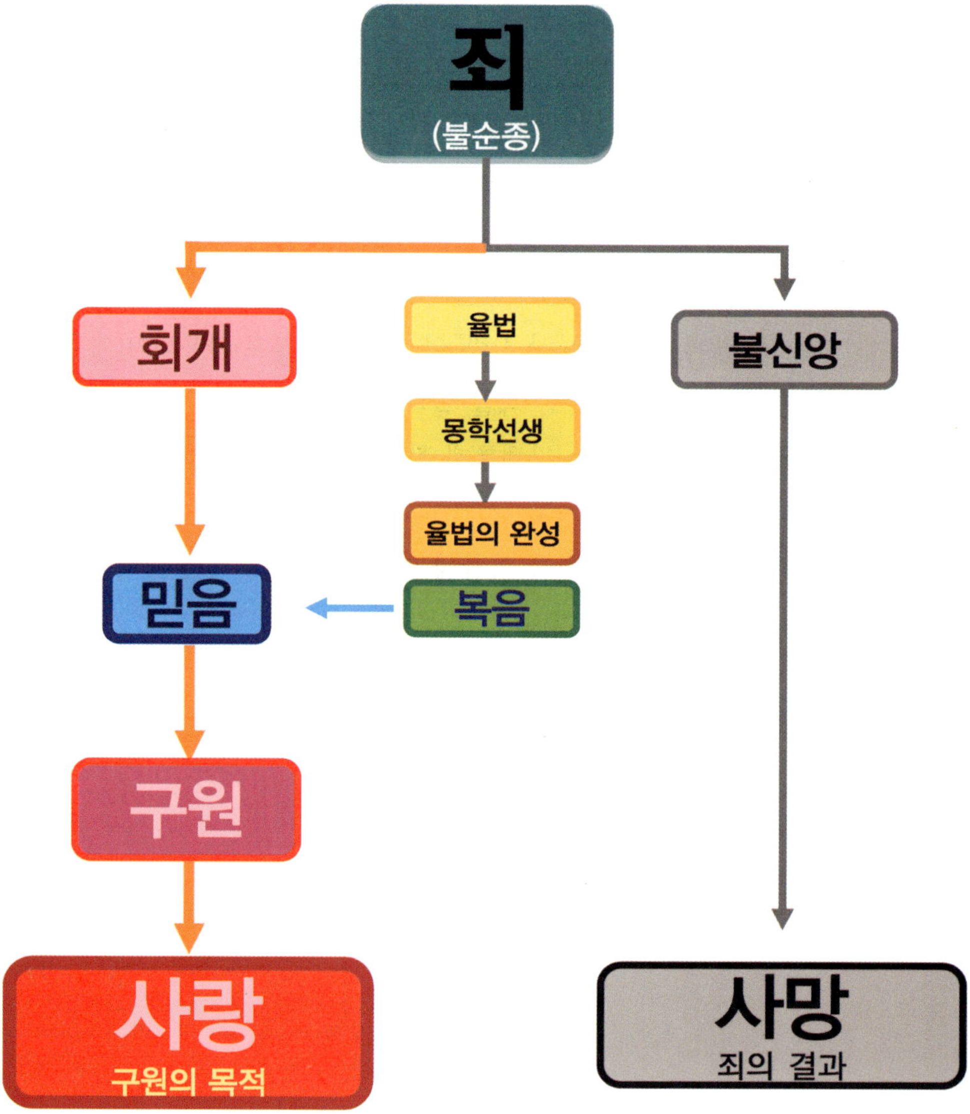

죄
(불순종)

회개

율법

몽학선생

율법의 완성

복음

불신앙

믿음

구원

사망
죄의 결과

사랑
구원의 목적

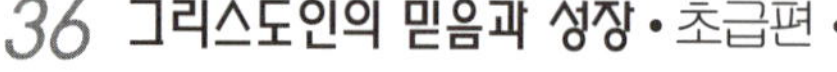

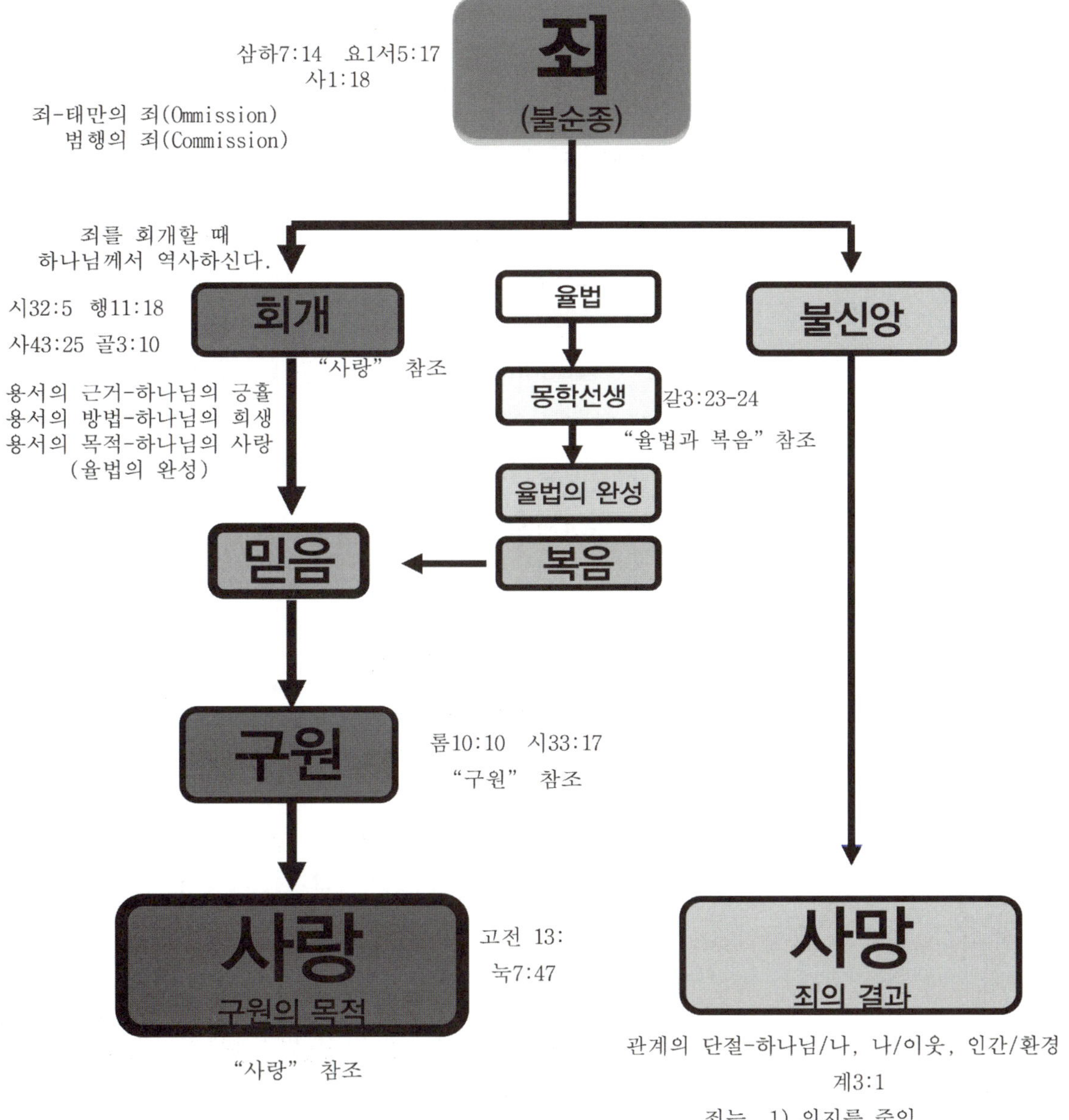
죄
롬14:23 신24:16 대하25:4 약4:17 롬6:11-, 롬7:17, 14:23
플라톤-” 사람은 무지해서 죄를 짓는 것이 아니라 죄인으로 태어나서 죄를 짓기에 무지한 것이다.”
삼하7:14 요1서5:17
사1:18
죄-태만의 죄(Ommission)
범행의 죄(Commission)
죄
(불순종)
죄를 회개할 때
하나님께서 역사하신다.
시32:5 행11:18
사43:25 골3:10
용서의 근거-하나님의 긍휼
용서의 방법-하나님의 희생
용서의 목적-하나님의 사랑
(율법의 완성)
회개
“사랑” 참조
율법
몽학선생
갈3:23-24
“율법과 복음” 참조
율법의 완성
복음
불신앙
믿음
구원
롬10:10 시33:17
“구원” 참조
사랑
구원의 목적
“사랑” 참조
고전 13:
눅7:47
사망
죄의 결과
관계의 단절-하나님/나, 나/이웃, 인간/환경
계3:1
죄는, 1) 의지를 죽임
2) 모든 아름다운 감정을 죽임
3) 생명을 죽임

제 10 과 죄(罪)

"믿음으로 좇아 하지 아니하는 모든 것이 죄"(롬14:23)라 했다.

플라톤은 '사람은 무지해서 죄를 짓는 것이 아니라 죄인으로 태어나서 죄를 짓기에 무지한 것이다.'라고 말했다. 죄는 인간을 미련하게 만든다.

"사람이 선을 행할 줄 알고도 행치 아니하면 죄"(약4:17)라 했다.

인간은 어떠한 죄를 범하고 있는가? 먼저 인류의 조상인 아담의 죄는 불순종(불신앙)의 죄이다. 이 죄를 소위 원죄(Original sin)라 한다. 아담은 '하지 말라!'고 하신 하나님의 법을 어긴 것이다. 죄가 시작된 것이다. 선과 악의 상대적 개념이 형성되기 시작한 것이다. 결국 '하나님같이 되리라.'고 거짓말한 사단의 유혹에 걸려서 아담은 범죄하게된 것이다. 하나님을 배반한 것이다.

모든 인류는 아담 안에서 이 죄에 동참한 것이다. 소위 '생식질'(germ plasm)이라하는 죄의 유전자(DNA)가 인류에게 유전된 것이고 인류는 이 원죄에 관해서 선택의 여지가 없는 것이다. 이 근원적인 타락은 인간으로 하여금 온갖 선에 대해 부적당 하게하고 무력케 할 뿐 아니라 또한 그것에 반항하기에 이르게끔 하여 거기서 모든 현실적 불법이 발생하고 있는 것이다.

성경적 죄의 개념은, 1) 빗나감(하말티아) 2) 월선(越線)(파라바시) 3) 미끄러짐(페랍토마) 4) 불법(不法)(아노) 등이 있고 통속적 죄의 개념은, 1) 법적 죄, 2)윤리적 죄, 3) 종교적 죄 등이 있다.

이처럼 아담 안에서 죄로 말미암아 모든 사람이 죽은 것 같이 그리스도 안에서는 모든 사람이 삶을 얻으리라고 약속하고 있는데(고전 15:22) 바울은 이 죄의 가능성을 내포하고 있는 자기를 '육'으로 부르고 있다(롬 7:18).

죄가 어떤 의미를 가지던 간에 그 최종적 결과는 죽음인 것이다. (롬 6:23, 7:5)

"각 사람은 자기의 죄에 죽임을 당할 것"(신24:16, 대하25:4,)이라했다.

그렇기 때문에 피조물인 인간이 하나님을 자기의 중심으로 신앙하느냐? 아니면 자아를 자기의 중심으로 택하느냐?에 따라서 살기도 하고 죽기도 하는 것이다.

이와 같은 양자택일의 결정은 매일 매순간마다 누구에게나 당면한 심각하고 중요한 과제인 것이다. 이 죄의 삵은 사망이고 모든 관계들과의 단절이다. 창조주와 피조물인 자신과의 단절이고 자신과 이웃 간의 단절이고 자신과 자아의 단절인 것이다.

결정적으로 '죄'는 하나님과 나의 관계를 의의 관계로 회복시키기 위하여 십자가 위에서 바로 '나'를 위해 희생된 대속제물의 신성하고 고귀한 가치를 깨닫지 못하고 등지는 것이다. 이것이 불신앙이고 영벌을 향하는 죄의 결과인 것이다.

이처럼 죄는 모든 것을 단절시키지만 "하나님은 사랑이시라!"

"나 곧 나는 나를 위하여 네 허물을 도말하는 자니 네 죄를 기억치 아니하리라." (사43:25)

그리스도인의 삶이란 매일 회개하는 삶이다.

"우리가 서로 변론하자. 너희 죄가 주홍 같을지라도 눈과 같이 희어질 것이라."

하나님께서 그리스도를 통해 근본적으로 해결하려 하신 것은 바로 인류의 이 이반죄이다. 여기에 온갖 배덕과 고통의 근원이 담겨져 있기 때문이다. '죄'란 하나님을 떠나는 일이므로 '의'란 하나님께 돌아오는 일이 되고 이것을 깨달을 때 구원의 참의미를 알 수가 있다.

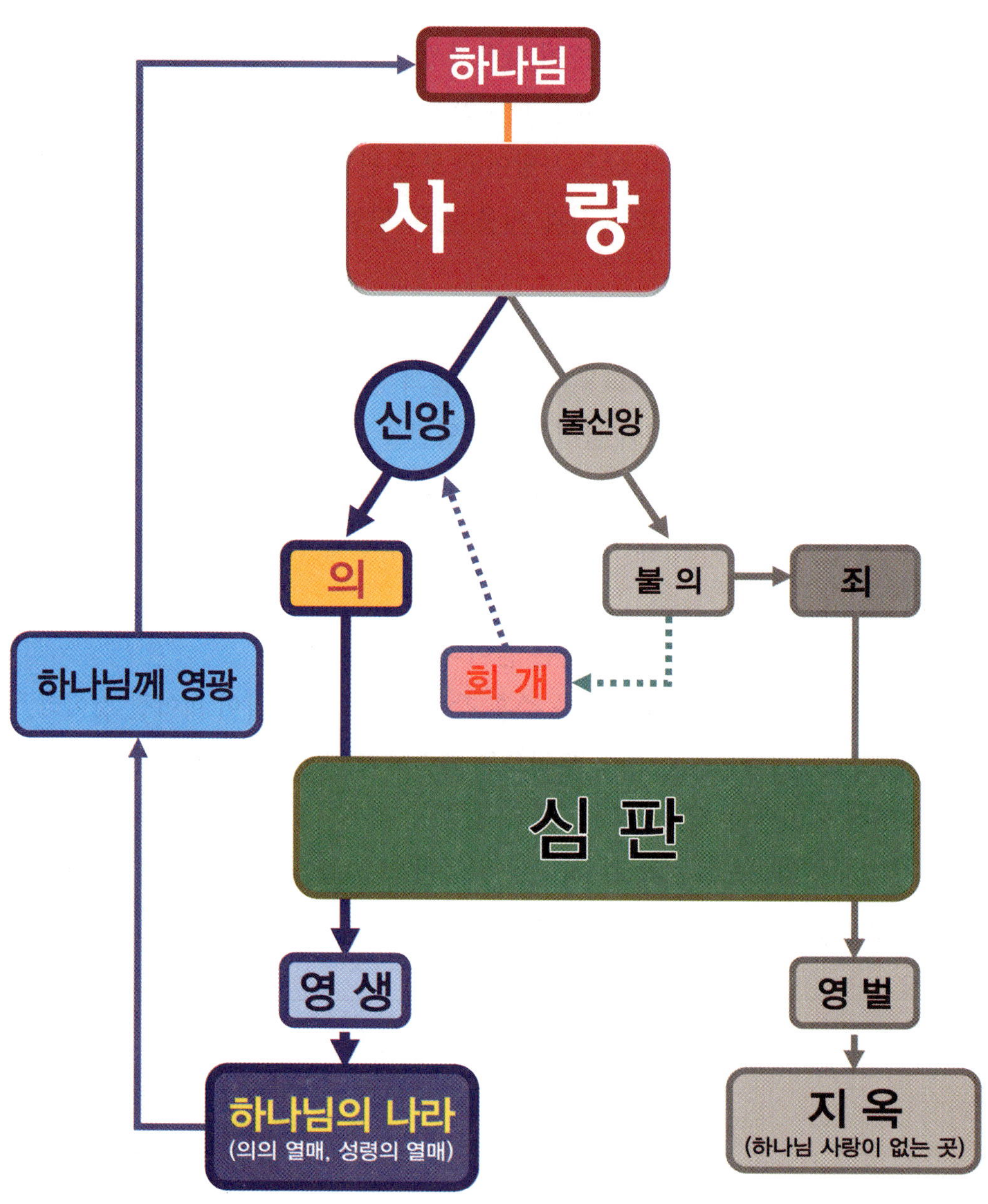

하나님
사 랑
신앙
불신앙
의
불 의
죄
하나님께 영광
회 개
심 판
영 생
영 벌
하나님의 나라
(의의 열매, 성령의 열매)
지 옥
(하나님 사랑이 없는 곳)

기독교인의 2중 의무-1) 하나님 사랑 2) 이웃 사랑

A.E. 부르크   "인생이란 사랑하는 방법을 배우는 학교이다."

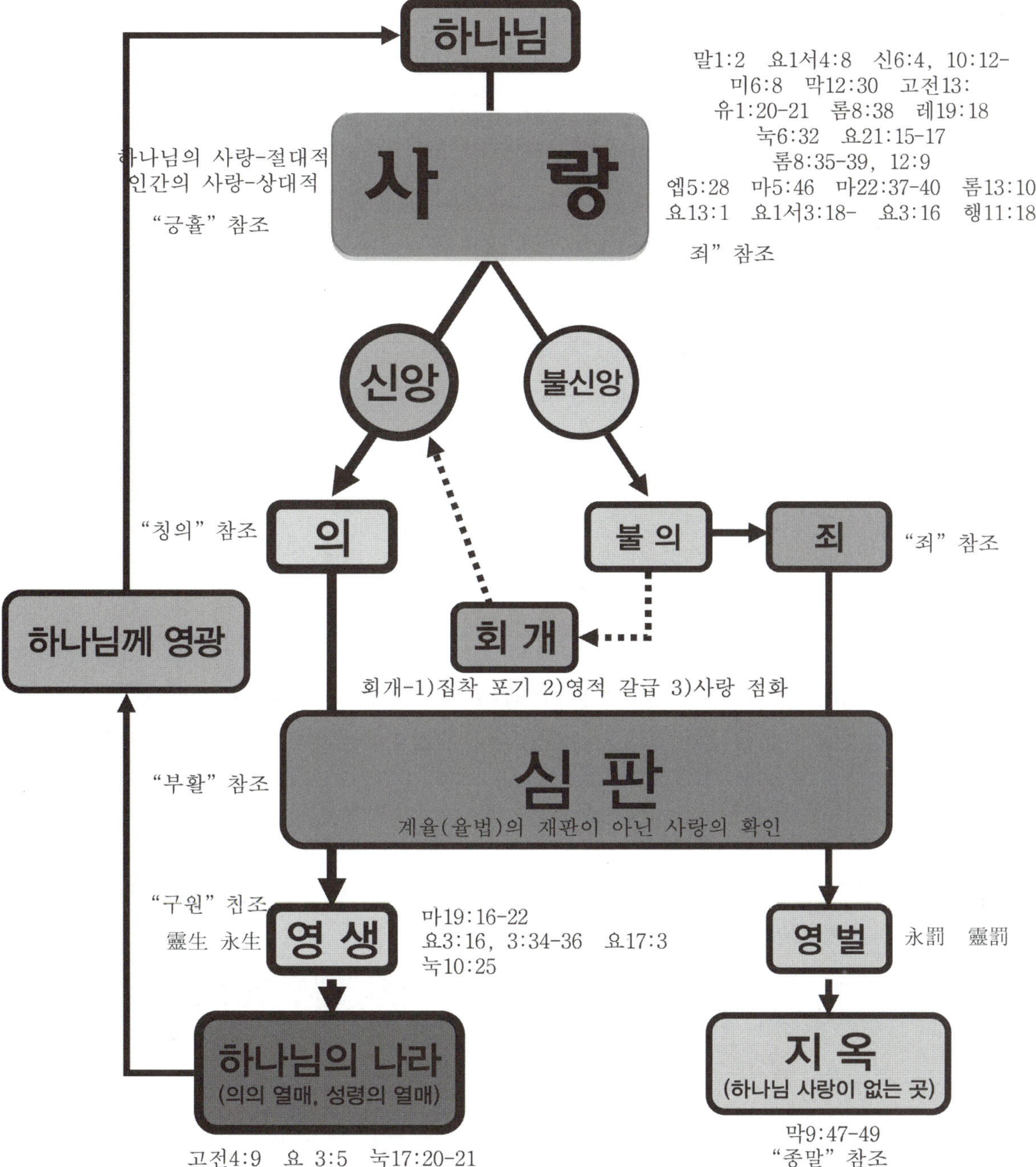

하나님을 믿는다는 것은 예수 그리스도를 통한 하나님의 사랑을 체험하는 것이고
그의 뜻에 순종하므로 그 사랑을 보답하는 것

제 11 과 사랑

"하나님은 사랑이시라." (요1서4:8) "사랑은 율법의 완성이니라." (롬13:10)

"네 마음을 다하고 - 하나님을 사랑하라. 크고 첫째 되는 계명이요 -네 이웃을 사랑하라. -온 율법과 선지자의 강령이니라." (마22:37-40)

성경에서의 사랑은 극한(極限)의 희생을 나타내는 가장 중요하면서도 성경에서의 사랑은 성경만이 가지고 있는 독특한 의미와 가치를 가지고 있기도 하다.

이것이 구약성경에 있어서는 예레미야 선지자의 말처럼 "내가 무궁한 사랑으로 너를 사랑(아-하브)하고 있다. 그러므로 인자함(헤세드)으로 너를 인도하였다." (렘31:3) 라는 말씀에서처럼 사랑에 대한 다양하고 깊은 개념의 가장 중요한 두 가지 말이 사용되고 있다.

"사랑은 여기 있으니 우리가 하나님을 사랑한 것이 아니요 오직 하나님이 우리를 사랑하사 우리 죄를 위하여 화목제로 그 아들을 보내셨음이니라. 사랑하는 자들아 하나님이 이같이 우리를 사랑하셨은즉 우리도 서로 사랑하는 것이 마땅하도다."

이와 같은 하나님의 사랑은,

1. 분명한 역사적 사실에 기초해 있다.

2. 속죄의 사랑에 대한 응답이다.

3. 인간의 인간에 대한 사랑은 전적으로 하나님에의 사랑에 기초하여 성립 된다.

이스라엘은 하나님의 사랑과 하나님의 백성으로서 서로가 자기 이웃을 사랑해야 할 것이 명해졌다. 사랑은 교회에 주어진 '새 계명' 이고 (요 15:12) '성령의 최고의 은사' 이기 때문이다(고전12:31-13:13).

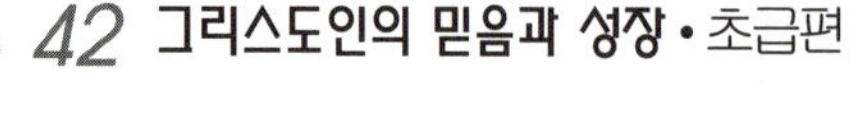

이 이웃 사랑은 예수님에 의해 '원수' (적대자)에까지 확대되었다.

하나님의 사랑을 믿는 것이 "의"이고 믿지 않는 것이 "불의"인 것이다.

"의"는 의의 심판을 받아 구원과 영생에 이르러 하나님 나라에서 사랑의 하나님께 영광 돌려드리는 사랑의 사람이 되지만 "불의"는 불의의 심판을 받고 영원토록 하나님의 사랑이 없는 지옥에서 영벌을 받게 될 것이다.

"여호와께서 말씀하시기를 내가 너희를 사랑하였노라 하나 이르기를 주께서 어떻게 우리를 사랑하셨나이까 하는도다." (말1:2)

그렇기 때문에 "이방인에게도 생명을 얻는 회개를 주신"(행11:18) 사랑의 하나님을 믿고 하나님 나라에서 영생의 삶을 살아야 할 것이다.

진리는 사랑을 위해 존재하는 것이다. 진리란 사랑이라는 열매를 맺기 위한 방법인 것이다. 따라서 "말과 혀로만 사랑하지 말고 오직 행함과 진실함으로" 사랑해야 할 것이다.

기독교인은 2중의 의무가 있다. 즉, 하나님을 사랑(수직적 사랑)함과 인간을 사랑(수평적 사랑)하는 것이다. 이것이 십자가로 상징되고 그 십자가가 구원의 표인 것이다.

이 사랑을 통해서 의의 열매를 맺고 성령의 열매를 맺게 되는 것이다.

믿음은 그 열매를 보아 아는 것이다.

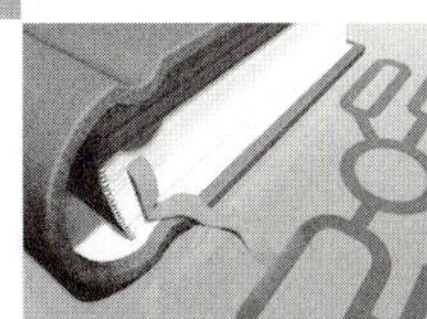

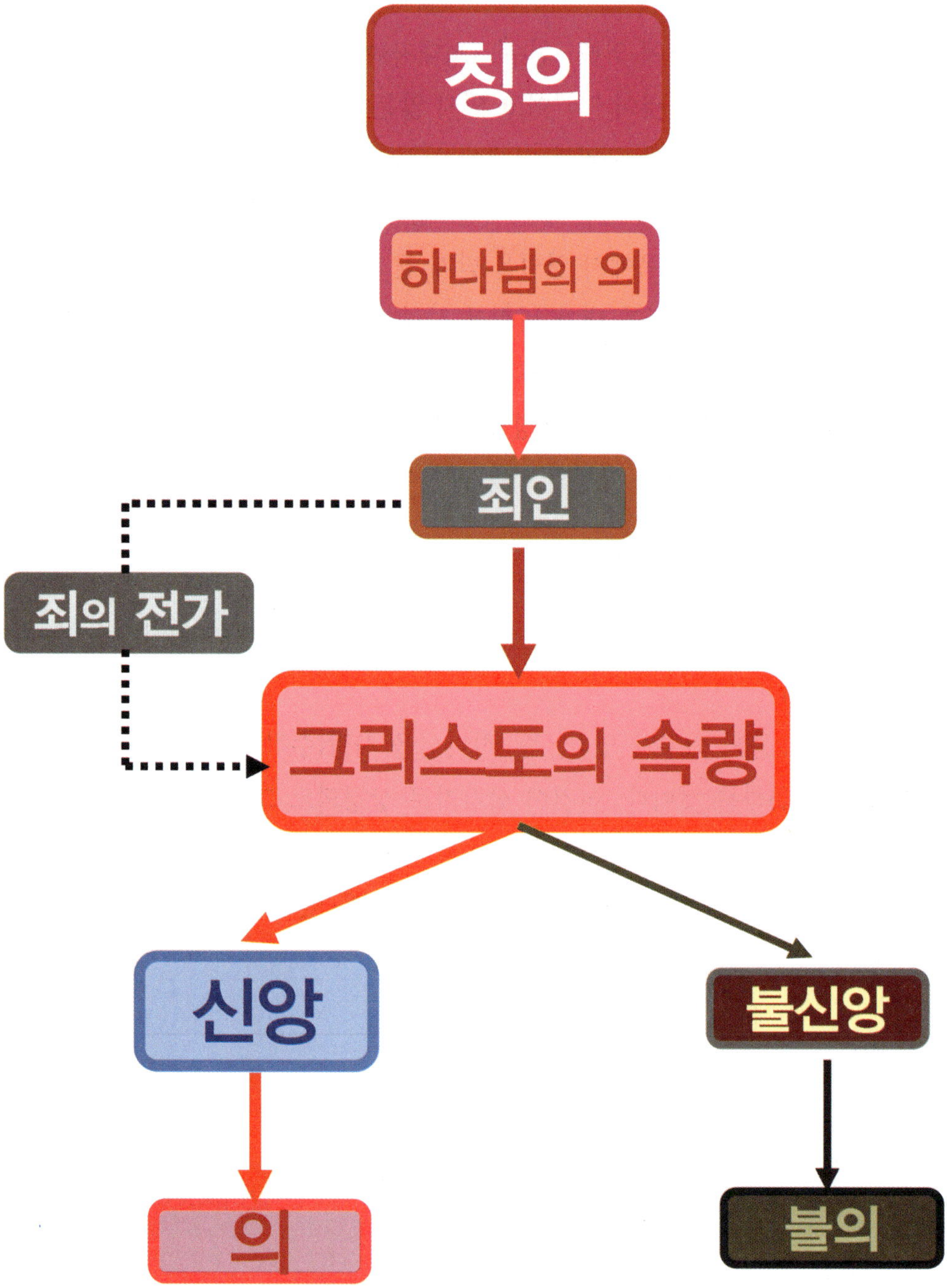

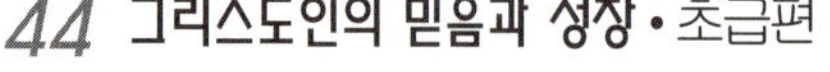

칭의
하나님의 의
죄인
죄의 전가
그리스도의 속량
신앙
불신앙
의
불의

칭의의 의미-구원에 대한 하나님의 사법적 무죄선언(롬3:24, 5:1,9)
칭의의 방법-예수 그리스도를 나의 구주로 믿음으로. (롬3:21-25, 1:17. 갈2:16 롬4:5)
칭의의 결과-1) 하나님과 화평(롬5:1) 2) 구원의 확신(롬5:2, 5:9) 3) 영생(롬5:18)

칭의는 주관적 선함에 의지하지 않고 또한 법이나 관습에 의거하지 않는다.
오직 신자의 죄가 그리스도에게 전가되고 그리스도의 의가 신자에게 전가됨으로써 "의
(義)롭다" 칭함을 받는 것.
행위의 용서가 아닌 하나님 자녀로서의 신분의 변화 (눅15:22-24 요1:12 갈3:16)

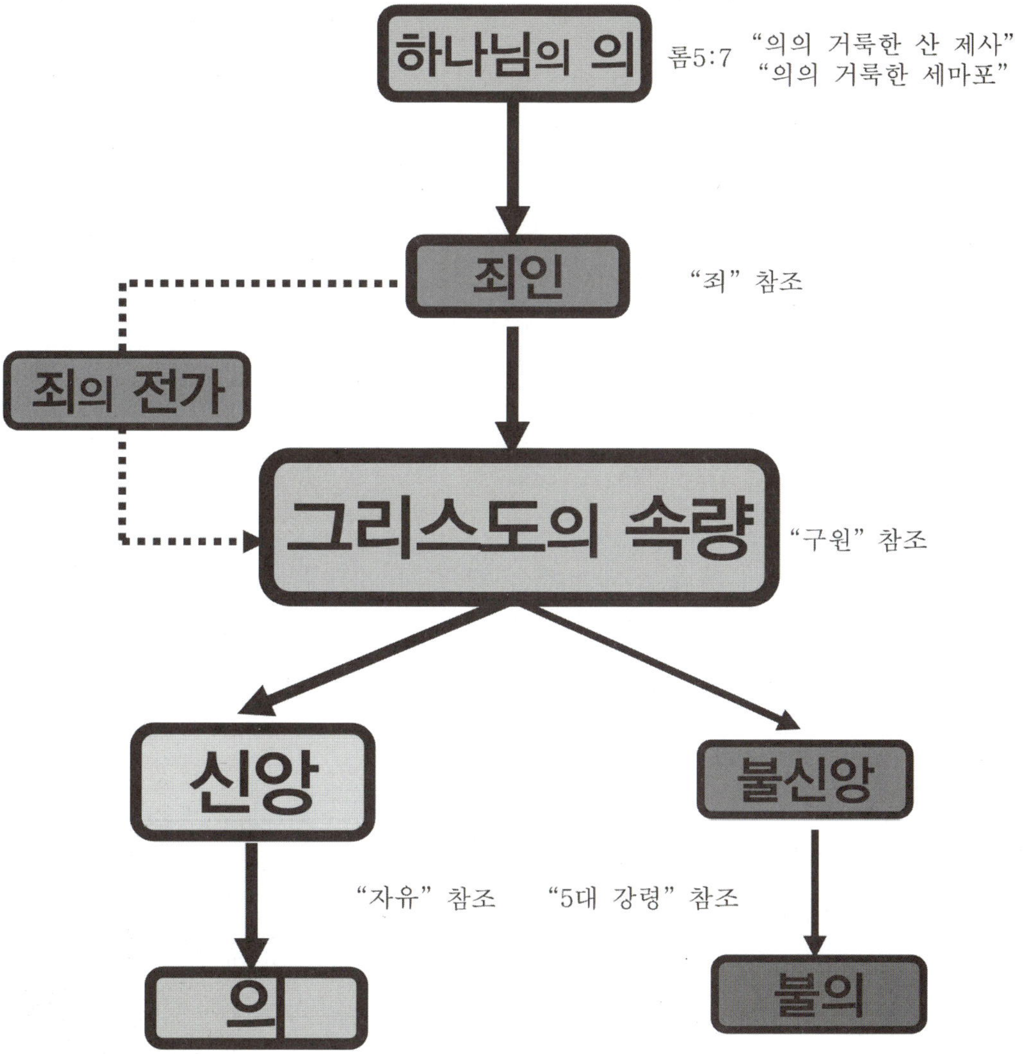

하나님의 의 롬5:7 "의의 거룩한 산 제사"
　　　　　　　　　　　　　"의의 거룩한 세마포"

죄인 "죄" 참조

죄의 전가

그리스도의 속량 "구원" 참조

신앙　　　　　　　　　　　　　　　**불신앙**

"자유" 참조　　　"5대 강령" 참조

의　　　　　　　　　　　　　　　　**불의**

로마 카톨릭은 칭의를 부정함

1545년 트렌트공의회 (1. 카톨릭 전통이 성경과 같은 권위를 지닌다고 선언
　　　　　　　　2. 그리스도의 완전한 속죄를 '믿음으로 구원에 이른다' 고
　　　　　　　　신앙고백하는 사람들을 저주 선포
　　　　　　　　3. 외경들을 정경에 첨가)

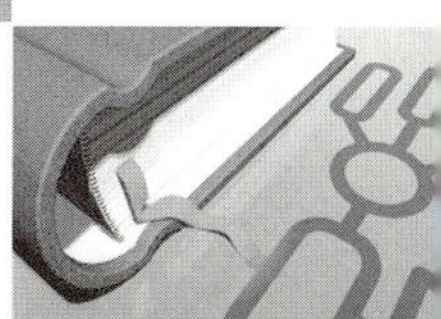

제 12 과 칭의(稱義)

성경은 사람의 구원을 칭의(稱義)라는 말로 표현한다. 중생이 사람 속에서 일어나는 사건이라면, 칭의는 사람 밖에서 일어나는 사건이다.

칭의의 의미

칭의(의롭다 하심, 롬 3:24)는 법정(法廷)에서의 무죄(無罪) 선언과 같다. 재판장 되신 하나님께서 하늘 법정에서 예수 믿는 자들에게 무죄, 즉 의롭다 하심을 선언하시는 것이다. 그러므로 이것은 하나님의 은혜이다.

이 무죄 선언은 예수 그리스도께서 우리를 대신하여 죄의 형벌을 받으셨음으로, 하나님께서 구속의 주님인 예수를 믿는 우리의 죄를 사하시고 우리를 의롭다고 칭해주시는 것이다.

칭의는 어떤 과정이 아니고 예수 믿을 때 즉시 일어나는 하나님의 즉각적이며 완전한 단 한 번의 은혜의 사건이다. "그러므로 우리가 믿음으로 의롭다 하심을 얻었은즉, 이제 우리가 그 피를 인하여 의롭다 하심을 얻었은즉,"

칭의의 방법

칭의는 오직 예수 그리스도를 믿음으로 얻는다. 로마서 3:21, 22, "이제는 율법 외에(코리스 노무, 율법과 별개로) 하나님의 한 의가 나타났으니, 곧 예수 그리스도를 믿음으로 말미암아 모든 믿는 자에게 미치는 하나님의 의니." 로마서 3:27, 28, "무슨 법으로냐 행위로냐 오직 믿음의 법으로니라. 그러므로 사람이 의롭다 하심을 얻는 것은 율법의 행위에 있지 않고[행위와 관계없고] 믿음으로 되는 줄 우리가 인정하노라[결론을 내리노라]."

로마서 1:17, "복음에는 하나님의 의가 나타나서 믿음으로 믿음에 이르게 하나니 기록된바 오직 의인은 믿음으로 말미암아 살리라 함과 같으니라." 갈라디아서 2:16, "사람이 의롭게 되는 것은 율법의 행위에서 난 것이 아니요 오직 예수 그리스도를 믿음으로 말미암는 줄 아는 고로."

야고보는 행함이 없는 죽은 믿음과 행함이 있는 산 믿음을 구별하는 관점에서 '행함으로 의롭다 함을 얻는다.'는 표현을 사용했다(약 2:21, 24). 야고보가 말한 행위는 의를 얻기 위한 율법적 행위라기보다 산 믿음의 표현과 증거로서의 행위인 것이다.

믿음으로 의롭다 하심을 얻음은 오직 예수 그리스도의 속죄 사역에 근거한 것이요, 그러므로 그것은 하나님의 전적인 은혜일뿐이다. 로마서 3:24, 25, "그리스도 예수 안에 있는 구속으로 말미암아 하나님의 은혜로 값없이 의롭다 하심을 얻은 자 되었느니라." 로마서 4:5, "일을 아니할지라도 경건치 아니한 자를 의롭다 하시는 이를 믿는 자에게는 그의 믿음을 의로 여기시나니."

칭의의 결과들

로마서 5장은 칭의의 몇 가지 결과들을 보인다.

첫째로, 칭의의 결과로 우리는 하나님과의 화평을 누린다.

둘째로, 칭의의 결과로 우리는 구원의 확신 중에 기뻐한다.

셋째로, 칭의의 결과로 우리는 영원한 생명을 소유한다.

예수님으로 말미암아 우리를 의롭다 하신 하나님의 은혜를 감사하자.

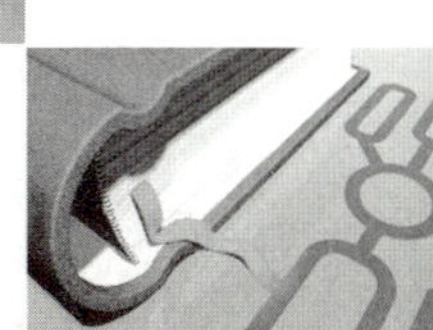

구 원
(구원의 차서)
영화
성화
하나님의 나라
(영적 세계)
선택
견인
세상 (육적 세계)
칭의
회개
중생
소명
믿
음

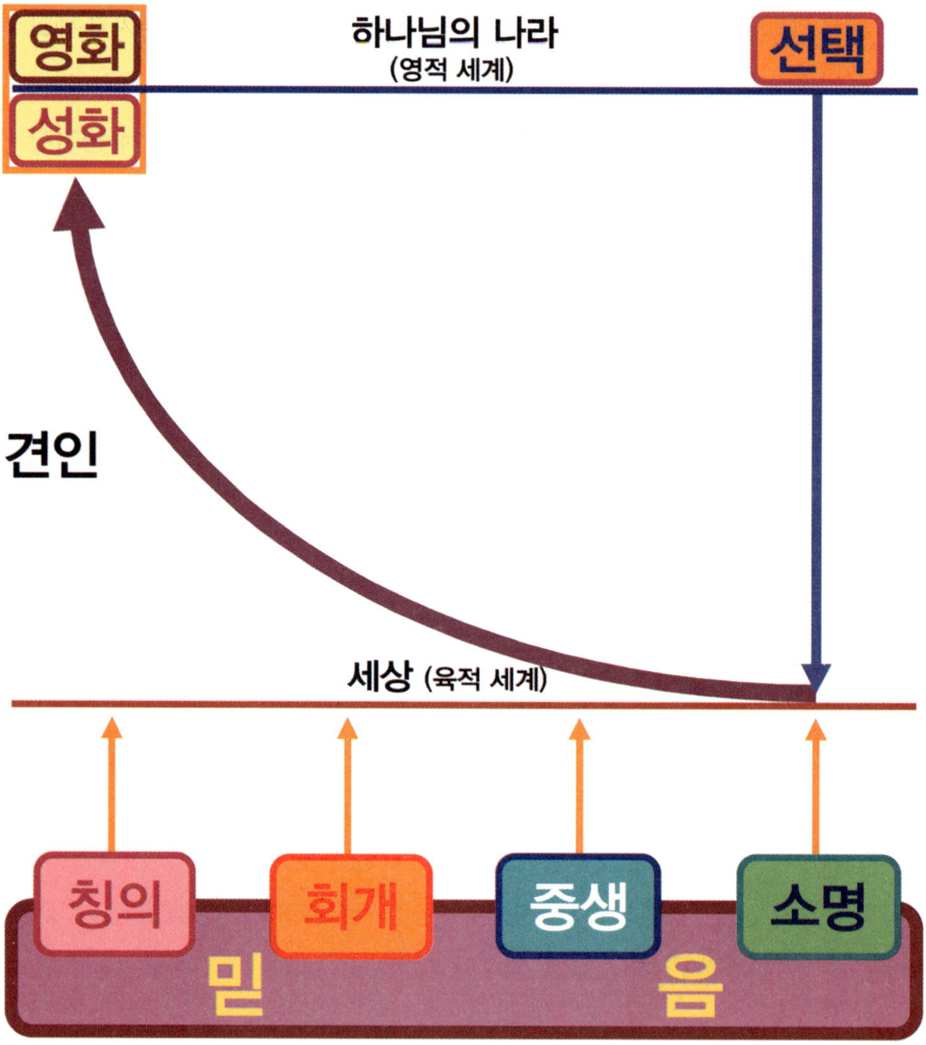

“하나님은 모든 사람이 구원을 받으며 진리를 아는데 이르기를 원하시느니라.” (딤전2:3)
“사람이 마음으로 믿어 의에 이르고 입으로 시인하여 구원에 이르느니라.” (롬10:10,13)

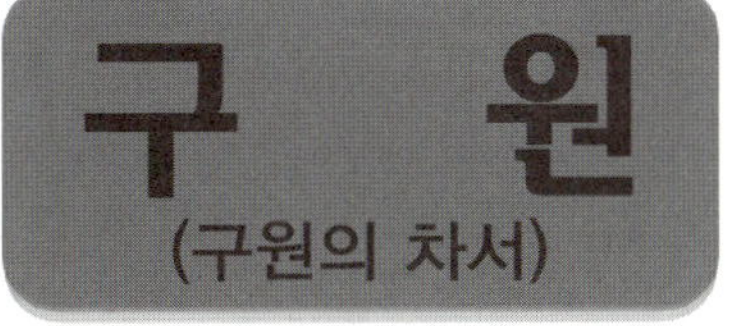

믿음의 최종 목적이 아닌 도착역.

크리스천은 빈손으로 왔으나
구원의 확신과 영생의 약속을 가진다.

행26:17-18　딛2:11

하나님의 형상과 모양의 회복

롬8:29-30

영화

성화

하나님의 나라
(영적 세계)

선택 예정

죤 칼빈-*구원의 동력인-” 아버지 하나님의 사랑”
　　　　*구원의 질료인-” 아들 하나님이신 그리스도의 순종”
　　　　*구원의 형상인-” 성령의 조명인 믿음”
　　　　*구원의 목적인-” 하나님의 크신 사랑을 영화롭게”

하나님의 형상과 모양-칭의의 증거. 중생의 상태(그리스도의 장성한 분량)골1:9-14　엡4:13
실체변화가 아닌 상태변화 벧전2:10(양자)

성화-*오순절파-성령의 역사
　　　*감리교-완전론(웨슬레)
　　　*성결교-사랑
　　　*개혁파-믿음
　　　*로마 천주교-칭의 속에 성화 포함시킴.
　　　칭의는 인간의 선행(공로)으로 보존된다고 주장.

견인

알미니안주의(오순절, 감리교, 성결교 등)
　　　　-신,인 협력설(회개 우선)

막13:13　눅21:19　빌1:29-
5대 강령 참조

칼빈주의(장로교)-하나님의 전적 작정(믿음 우선)

세상 (육적 세계)

요1:16　엡2:8

“사람이 마음으로 믿어 의에 이르고 입으로 시인하여
구원에이르느니라.” (롬10:10)

칭의　　**회개**　　**중생**　　**소명**

믿　　음

펠라기안주의-자력으로 구원. 카톨릭 구원관-(종교개혁 이후 급조)*성전(전통)*성사(성례)*공로(행위)

개신교 구원관(루터 및 개혁자들)-*오직 은혜 *오직 성경 *오직 믿음(3 Solas)

제 13 과 구원(救援)

구원단계는 그리스도께서 완성하신 구원역사를 인간의 믿음에 적용시키는 순서로써 하나님의 은총에 의한 것이므로 칼빈의 기독교강요에 나타난 것을 중심으로 한다.

(1)선택 (하나님의 은혜, 선물)

(2)유효한 부름 (소명)

이 부르심은 선택의 증거이다. 하나님은 택한 자들을 자녀로 삼고 그들의 아버지가 되신다. 성경은 선택에 부르심을 결부시켜 말하면서 거기에는 하나님의 긍휼 외에 아무것도 구해서는 않되며 이 부르심의 방법은 은혜에만 의존하는 것이다. 부르심은 말씀의 깨달음과 성령의 조명이 있을 때 성립된다.

따라서 택한 자들에게 내면적 부르심은 거짓 없는 구원의 보증이 된다.

부르심은 보편적 소명과 특별소명이 있는데 특별소명은 하나님께서 신자에게만 주시는 것으로 전파된 말씀을 그들의 마음에 뿌리내리도록 성령의 조명을 실현하시는 경우이다.

(3)중생

소명과 중생은 밀접한 관계를 갖고 있다. 중생 없이는 구원론은 언급할 수 없다. 인간의 의식 위에서 이뤄지는 하나님의 절대은총에 의한 불가항력적 은혜이다.

중생 전의 모든 사람은 죄로 죽은 자들이다. 중생은 그리스도의 은혜를 통해 이뤄지며 아담 안에서 말살된 하나님의 형상을 우리 속에 다시 회복시키는 것이 그

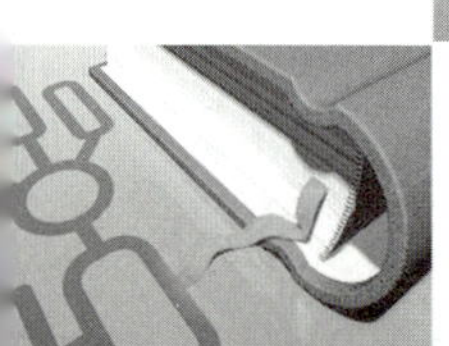

목적이다.

중생으로 그리스도는 우리 것이 되시며, 우리는 그의 몸에 접붙임 받아 그의 영을 통해서 살고 그의 통치를 받게 된다. 또 중생은 그리스도의 죽음에 동참하므로 옛사람이 그의 능력으로 십자가에서 못 박혀 죄의 몸이 죽어 타락한 성품이 힘을 못 쓰게 된 사건이다. 중생 이후에야 우리는 그리스도와 교제하게 된다. 그것은 그리스도 안에서 우리와 교제를 추구하시는데, 죄 된 우리를 그냥 두지 않으시고 죄를 해결해 주시는 하나님의 은혜이다. 이런 중생의 목표는 신자의 생활 중에 하나님의 의와 신자의 순종과의 조화 및 일치를 나타내는데 있고 그들이 자녀로 영접되었음을 확신케 하는 것이다.

(4)믿음(신앙)

그리스도께서 이루신 구원의 은혜가 우리에게 적용되어 우리가 구원에 참여하게 되는 것은 성령의 역사로, 우리가 복음을 믿게 조명하고 새 피조물로 나게 하시며 부패와 더러움에서 씻어주심으로 가능한 것이다. 우리가 이를 얻고 구원을 소유함은 믿음에 의해서이고 그것은 바로 성령의 역사이며 하나님의 은사이다.

칼빈은 "신앙은 우리를 향한 하나님의 자비에 대한 확실한 인식이며 그것은 그리스도 안에 있는 값없이 주시는 진리의 약속에 기초를 두고 있으며 성령을 통해 우리 심정 위에 인 치시는 것이다." 라고 한다.

신앙의 대상은 그리스도를 믿는 것이다. 하나님은 신앙의 목적지이며 그리스도는 그 나아갈 길이다. 또 신앙은 근거가 의존하고 있는 하나님의 자비를 분명히 진술함에 있지 무조건적인 맹종이 아님을 알아야 한다. 신앙은 인간의 이해가 아니라 확실성에 의존하는 것이다.

(5)회개

회개는 언제나 신앙에 따라서 올 뿐만 아니라 신앙으로부터 나온다.

회개는 단순히 잘못을 뉘우치는 것이 아니라 하나님과 말씀을 따르려고 생을 하

나님께로 돌이키는 것이며 그것은 바르고 거짓 없는 하나님 경외에서 나오고 육과 낡은 자아를 죽이며 영이 소생하는 데서 나타난다. 회개는 양면성이 있다. 죄를 인식하는 것과 통회 즉, 옛사람이 죽고 성령에 의해 새로 사는 것이 있다. 회개와 신앙은 불가분리의 관계가 있으나 죄와의 투쟁에 있어서 신자의 지상생활 중비록 허물은 씻겼지만 죄의 사실이 정욕 가운데 남아 있기 때문에 중생, 성결, 순결 등 회개한 증거를 분명히 보이는 것이어야 하며 완숙한 회개는 의지적 단계까지 이르러야 한다. 이것은 과거 지향적이 아니라 앞으로의 삶을 결단하는 것이다.

(6) 칭의

칭의는 하나님의 긍휼로 값없이 의를 얻는 성도에게 선행이 무엇인가를 이해시키고 하나님과 우리의 관계를 파악하고 구원을 확립해 주는 기초가 됨을 강조하기 위함이다.

칭의의 개념은 사람이 하나님의 심판에서 의로 간주되고 용납되는 것이다. 칭의는 의의 전가이며 그리스도를 통해 믿음으로 의롭게 되고 죄 사함 받음을 말한다. 칭의는 선행에 대한 값이 아니고 값없는 은혜인 것이다. 칭의의 근거는 오직 "그리스도 안에서만" 의롭기 때문이다. 유죄한 인간을 무죄하다고 하는 칭의가 최고 재판자로 말미암은 은혜의 용서에서 이뤄지는 사법행위이다.

칭의의 목적은 하나님만이 의로우시며 하나님께 영광을 돌리기 위함이다.

(7)성화

칭의의 상태는 하나님께 헌신된 성화의 생활을 요청한다. 성화란 죄인을 순결하게 하시며 죄인의 전 성질을 하나님의 형상으로 새롭게 하여 선행하도록 하시는 성령의 계속적이고 은혜로운 작용이다.

그리스도와 합일되고 그의 영으로 사는 것이 성화의 삶이다. 그러나 중생한 사람 속에도 악의 불씨가 있기 때문에 죄를 날마다 대적해야 한다. 이처럼 순식간에 성화되는 것이 아니라 점진적으로 성화의 과정으로 나아가야 하므로 성도에게는

견인이 필요한 것이다.

(8)성도의 견인

성도의 견인은 신자가 구원의 길에서 인내하는 지속적인 하나님의 사역으로 신자는 이 활동에 참여한 것이다. 이는 성령이 신자 내부에서 이루시는 계속적인 구원완성을 위한 작용이다. 성도가 현세에서 구원의 확신을 얻을 수 있음은 이런 하나님의 견인은혜를 믿을 때이다.

참 신자는 신앙과 복음의 말씀에서 이미 명하신 선택의 확실한 기초가 있으므로 결코 타락할 수 없다. 그들의 구원은 세계의 전 구조가 흔들린다 해도 확실성 자체는 변함없이 확고한 기초 위에 있으므로 망할 수 없는 것이다. 그리스도는 우리가 그의 것이 된 이상 우리가 영원히 안전함을 확신하게 하신다.

칼빈의 구원관은 이처럼 예정론에 근거하여 구원된 성도를 하나님이 끝까지 지켜주시는 견인에서 절정에 이른다.

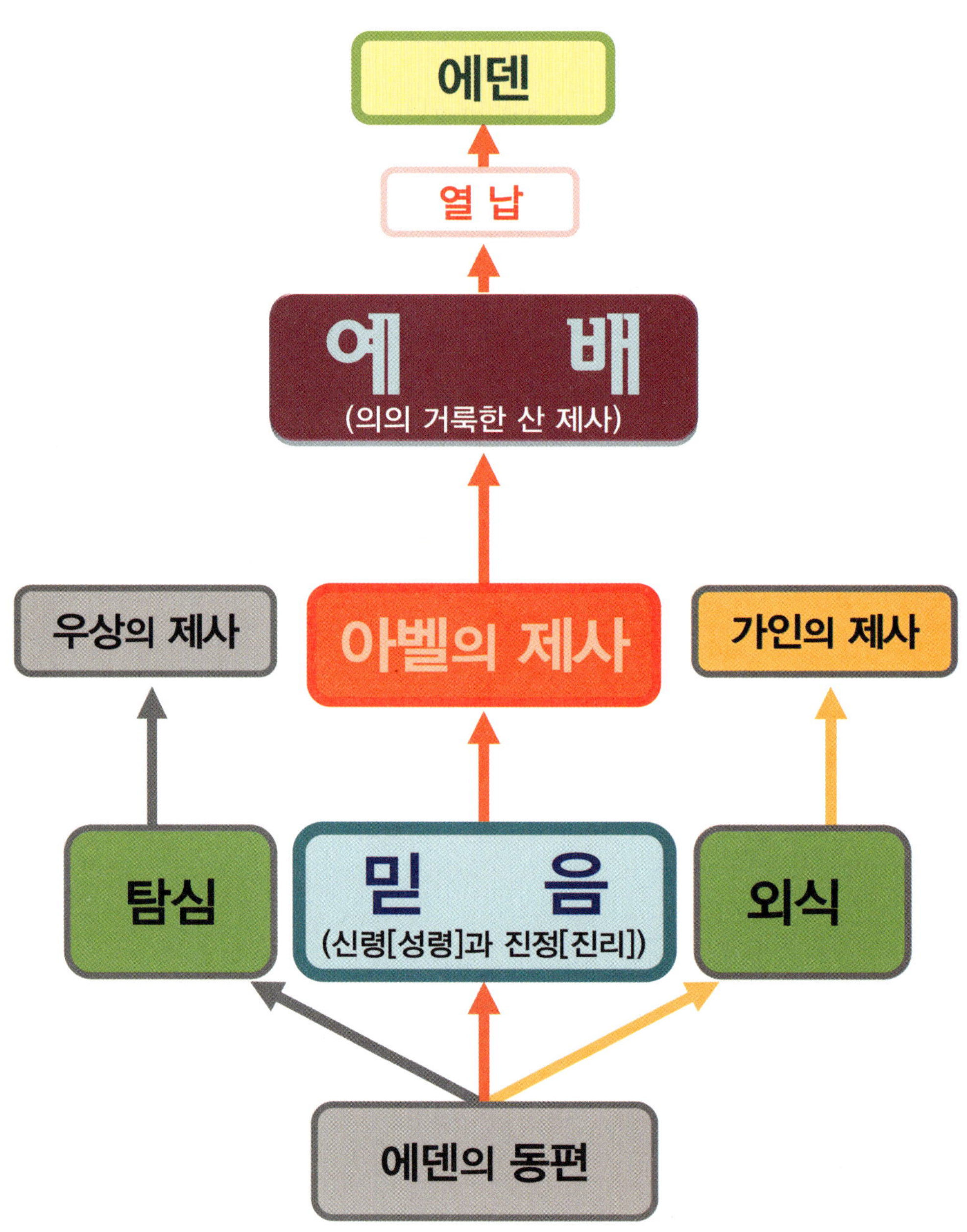

에덴
열 납
예 배
(의의 거룩한 산 제사)
우상의 제사
아벨의 제사
가인의 제사
탐심
믿 음
(신령[성령]과 진정[진리])
외식
에덴의 동편

“하나님은 영이시니 예배하는 자가 신령(성령)과 진정(진리)으로 예배할찌니라.” 요4:24
“-긍휼을 원하고 제사를 원치 아니하노라.” 마(9;13) 시40:6

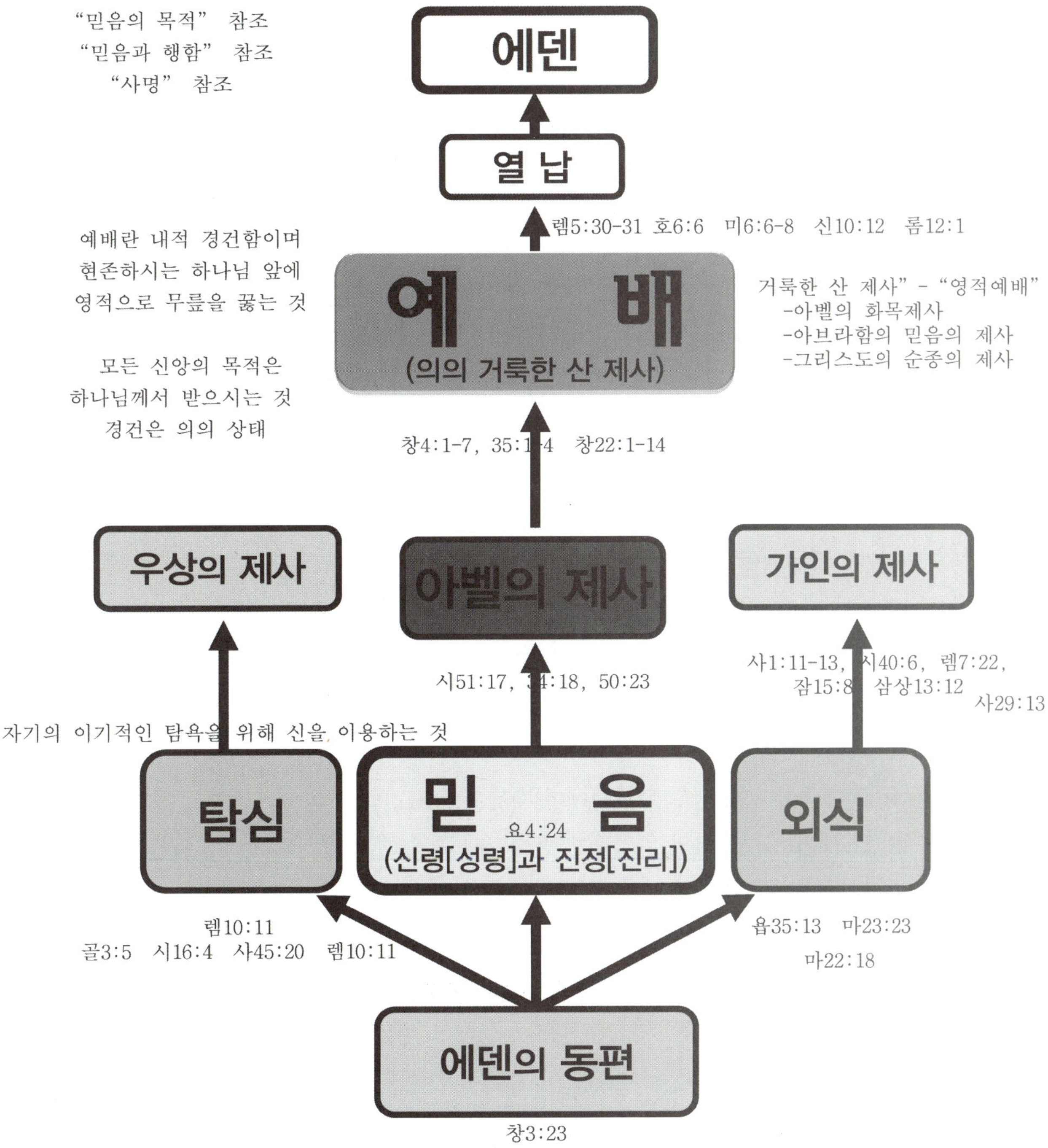

믿음은 무엇을 믿는가?가 아니라 누구를 믿는가?이다.

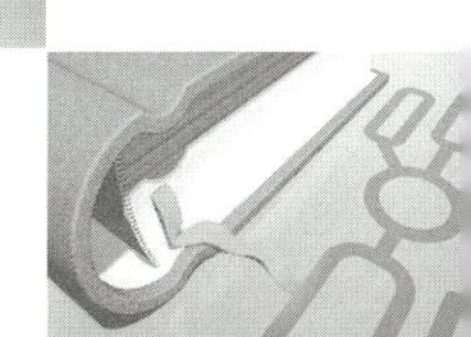

제 14 과 개혁교회와 예배

교회역사상 중세 종교개혁은 교회개혁이며 예배를 개혁하고 회복한 운동이었다. "하나님께 드리는 예배가 너무나도 많은 잘못된 의견들에 의해 손상되었고 너무나 많은 불경하고 부정한 미신들로 왜곡됨에 따라 하나님의 거룩한 위엄이 흉악한 오만무례로 모욕당하고 그의 거룩한 이름이 더럽혀졌으며 그의 영광이 발아래 짓밟히고 있다." 칼빈은 그릇된 예배의 세 가지 유형을 소개하였다.

첫째는 사람의 생각을 가르치는 예배이다. (마 15:9, 사 29:13-14), (골 2:4-8) 둘째는 바리새인의 예배이다. (마 23:3, 16:6) 셋째는 연극적 예배다.

성경적 예배개념

신약에서 예배를 의미하는 '프로스쿤네오'는 경외와 숭배 그리고 자기부정과 절대복종의 서약이고 '라트레우오'는 종(servant)을 의미하며 영어에서 예배를 서비스(service)라고 하는 것도 여기에 근거한다.

즉, 예배란

(1) 그 대상이 오직 삼위 하나님에 한정된다.

(2) 그 계기는 하나님의 위엄과 영광과 거룩과 능력 앞에서의 경외 그리고 하나님의 넘치는 은혜와 사랑에 대한 감격과 감사이다.

(3) 그 자세는 전인적이고 자발적으로 절대순종을 표현한다.

(4) 그 방법은 제사, 봉헌, 찬양, 기도, 말씀, 성례의 의식뿐만 아니라 삶을 통해 하나님의 뜻을 실천하는 것이다.

(5) 그 목적은 하나님을 영화롭게 하며 그의 뜻을 이 땅 위에서 이루는데 있다.

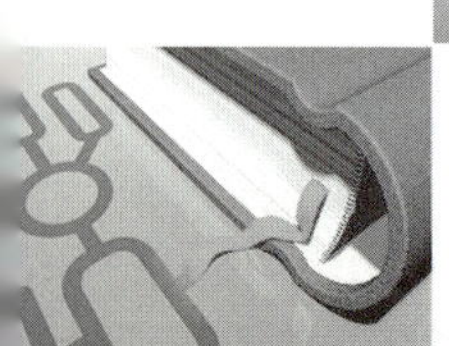

예배의 본질에 대한 현대적 이해

웨스트민스터 신앙고백 21장은 "종교적 예배와 안식일에 대하여" 고백하는데 여기 나타난 예배론은,

　⑴ 예배는 자연계시가 보여주는 신의 주권과 선하심에 대한 인간의 자연적 반응이다.

　⑵ 예배의 방식은 성경에 규정되어 있다.

　⑶ 예배의 대상은 오로지 삼위 하나님으로 제한되며 그리스도의 중보를 필요로 한다.

예배의 역사

아담으로부터 시작된 제사는 모세에 이르러 율법이 규정한 회막제사로 확립되며 그 후 성전을 중심으로 제사예배가 계속된다. 그러나 성전의 파괴와 바벨론 포로 후에 시작된 회당제도는 성전중심의 제사제도를 대치하게 된다. 찬양, 기도, 말씀의 3부분으로 구성되며 매일 진행되었다.

예수님과 제자들이 회당예배에 참여하였으며 성도들의 모임으로서 교회의 회집이 장려되었지만 종합적 예배보다 기도회, 말씀의 봉독과 가르침, 구제헌금, 찬송, 은사모임 등이 개체적으로 혹은 결합되어 진행된 것으로 보인다.

초대교회는 세례, 말씀, 성찬의 3부로 구성되었다. 말씀부분은 입례, 자비기원, 영광송, 대표기도, 성경봉독(율법과 예언서), 찬양, 설교, 신경의 순서로 진행되었으며 성찬은 평화의 입맞춤으로 시작하였고 성찬 후에 헌금하였다. 그러나 4세기에 기독교가 공인되고 로마 카톨릭교회가 대형화되면서 화려해지고 예배의식이 연장되지만 점차 성찬중심의 미사로 집중되며 화체설에 근거하여 극화되고 희생제사의 성격을 가지게 된다.

"웨스트민스터 예배모범"이 1644년에 발표되었는데, 예배에의 초청, (하나님의 임재와 수용, 임재를 위한) 기도, 구약봉독, 신약봉독, 시편송, (사죄와 중보, 조명을 위한) 대표기도, 설교, (감사와 중보)기도, 주기도, (성찬식), 시편송, 축도의 순서로 구성된다. 상대적으로 찬송과 성찬이 약화되고, 말씀이 강화되었다.

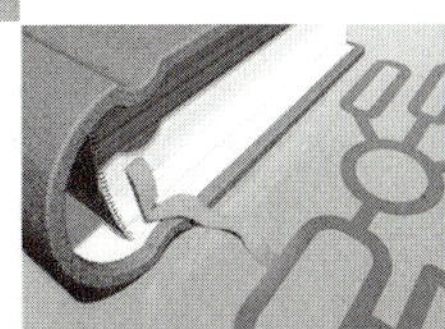

성 막

(회막. 장막. 증거막. 법막)

히8:5, 9:1, 23-26, 행7:44, 계15:5, 출25:;8-, 27:21, 33:7-10, 민16:9
대상6:48, 대하24:6, 삼상1:7

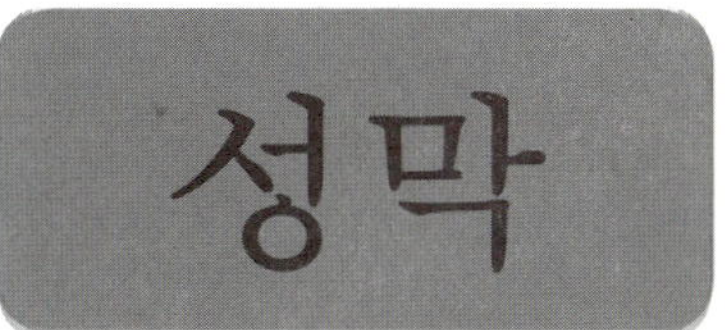

(회막. 장막. 증거막. 법막)

히8:5, 9:1, 23-26, 행7:44, 계15:5, 출25:;8-, 27:21, 33:7-10, 민16:9
대상6:48, 대하24:6, 삼상1:7

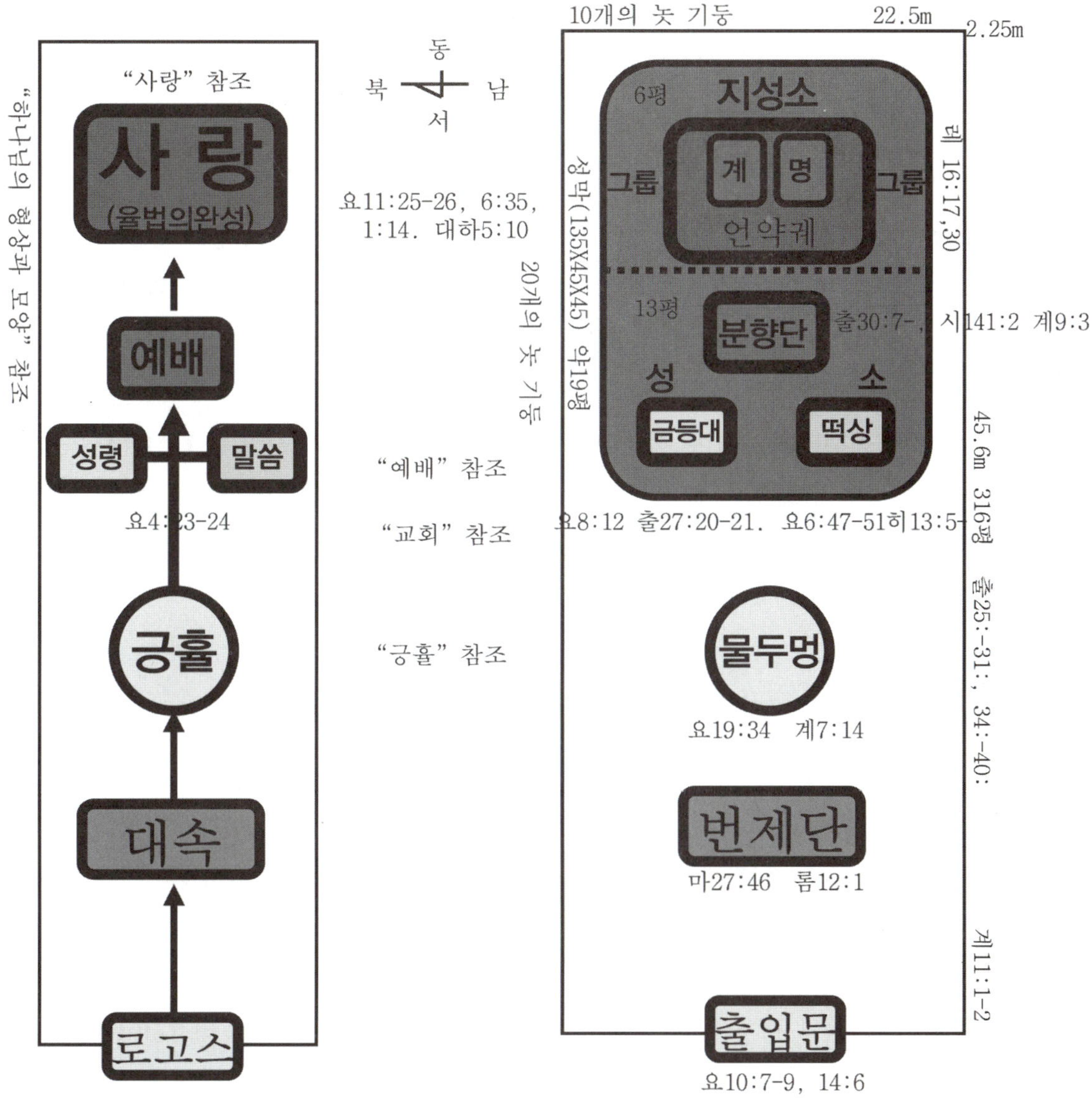

출39:43 "모세가 그 필한 모든 것을 본즉 "여호와께서 명 하신 대로 되었으므로 그들에게 축복하였더라."

제 15 과 성막

성막은 하나님께서 이스라엘 백성을 만나시기 위하여 허락하신 특별한 은혜의 성물이다. 그래서 "은혜의 보좌"앞에 나아간다고도 했다. 죄인이 그 은혜의 보좌 앞에 나아가서 하나님과 만날 수 있는 유일한 길인 것이다. 또 성막은 이스라엘에게 하나님이 임재하여 계시는 증표였다. 실재로 하나님께서는 성막을 매개로 하여 이스라엘과 같이 계셨다. 특히 성막은 과거의 이스라엘백성들만을 위한 것이 아니라 장래를 위한 것이니 하나님이 그의 영적 이스라엘백성들을 구속하시는 메시야의 예표로 예언적이고 계시적인 상징도 있는 것이다. (출33장)

이 성막은 예수 그리스도를 예표하는 것이다. 즉 말씀이 육신이 되어 우리 가운데 거하매"이다. 헬라어의 성막은 육신을 나타내는 의미도 있다.(요1:14, 고후 5:1,36) 그렇기 때문에 그를 떠나서는 하나님을 만나거나, 참 예배가 있을 수 없다. 예수 그리스도는 신령한 참 성막이다.

성막의 기구들(출25:1-935:)

1.언약궤(법궤)

하나님께서는 조각목으로 법궤를 만들 것을 명령하셨다(출25:10).

그 안에는 만나 항아리와 십계명 두 돌비와 아론의 쌌 난 지팡이를 넣어 두었다 (히9:4). 이처럼 그리스도 안에는 생명의 떡인 진리의 말씀과 하나님을 사랑하고 이웃을 사랑함으로써 완성될 율법과 새 하늘과 새 땅의 약속들이 들어있다.

(요 11:25-26), (대하 5:10)

2. 지성소(속죄소) (시은소)

법궤가 있는 지성소에는 아무나 마음대로 들어 갈수가 없었다. 그것은 인간의 죄 사함이 전적으로 하나님의 은혜에 있는 것이지 인간의 의지나 공로에 있는 것이 아닌 것이다.

두 그룹을 만들어 지성소 안에 두었다. 그 그룹들은 각각 두 날개를 가졌고 사람의 머리와 사자의 형상을 가졌다. 이것은 하나님의 속성의 상징이다. 즉, 하나님의 1) 자존 2)불변 3)무한 4)유일 5)영 6)지혜 7)선 8)사랑 9)거룩 10)의 11)진실 12)주권의 하나님이심을 의미하는 것이다.

3. 떡상(진설병 상)(출25:23-30)

예수 그리스도를 상징하며 이스라엘의 지파를 따라서 12개의 떡을 그 상 위에 놓되 매 안식일에 새 것으로 놓았고 제사장만이 먹을 수 있었다. 예수 그리스도는 그의 택한 성도들의 영혼의 양육자로서 항상 새롭고 신령한 생명의 양식으로 공급하여 주신다(벧전 2:9, 계1:6, 요6:33-58)49).

4. 금등대(촛대) (출25:31-40)

이 촛대는 참 빛 되시는 예수 그리스도의 구속사명을 상징한다(요1:4-5, 3:19-21, 12:35-36, 엡5:814). 그리고 빛을 밝히는 기름은 내주하시는 성령의 역사이다.(마5:14, 요8:129:55:16) (요8:12) (출27:20-21)

5. 분향단

분향단은 기도의 제단이다.

첫째는, 예수 그리스도께서 승천하여 하나님 앞에서 드리는 기도와 제사이다.(롬8:34, 히7:25, 요1서 2:1)

둘째는, 성도들이 지상에 있는 성전에 나가서 예수 그리스도의 공로를 힘입어

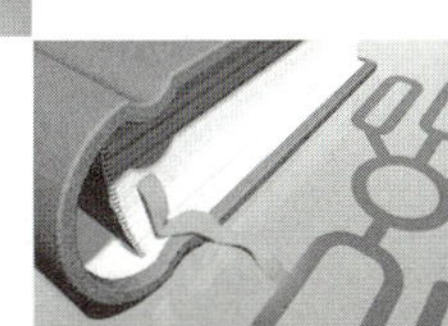

하나님 앞에 드리는 예배와 기도이다. 진실과 성심으로 하나님께 드리는 기도는 분향단에서 분향함과 같다. (출30:7-) (시14:2) (계8:3-5, 5:8)

6. 번제단(놋단) (출38:1-927:1-8)

놋은 하나님의 공의를 의미한다(민21:9, 요3:14). 번제단은 십자가에서 죄인들의 죄를 대신 지고 하나님의 공의의 심판을 받아 희생하신 대속을 의미한다(히9:11-14). 성소나 지성소에는 놋단에서 희생된 제물이나 그 피를 가지고 들어간다(레17:11, 히9:22). 이는 예수 그리스도께서 십자가에서 흘리신 피의 공로만을 가지고 하나님께 나아갈 수 있는 것이다(히9:14) (갈9:14) (마27:46) (롬12:1)

7. 물두멍 (출30:17-2140:30-32)

이것은 하나님 앞에서 죄인뿐만 아니라 성도가 자신의 허물과 죄를 살피고 회개하고 그리스도의 속죄를 받은 후에 하나님 앞에 설 수 있음을 의미하는 것이다.

하나님이 거룩하시니 그의 성민도 거룩하여야 한다.(사52:11)(히10:22)(행22:16)(요19:34) (계7:14)

8. 출입문

문은 참과 거짓, 성과 속을 분별하는 기준이다. 즉 진리 안에서 영생과 영벌을 가름하는 척도이다. 그 척도는 하나 밖에 없다. 그는 예수 그리스도이시다. 그래서 예수님은 자신이 문이라고 했다(요10:9). 그 문으로 들어오지 않는 자는 절도요 강도라고 했다. (요10:참조) 그리스도는 그의 구속사역을 이룸으로 인하여 택한 백성들을 (히3:1) 영생의 문으로 인도하신다. (요10:7-9, 14:6)

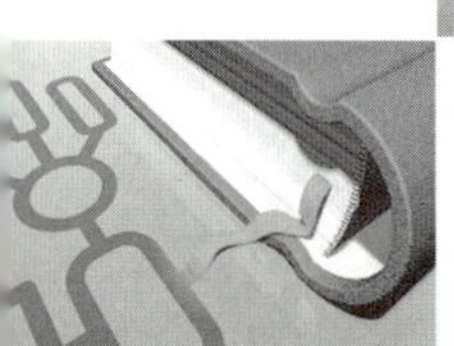

제 3 편 성숙한 믿음

교회의 역사

에덴동산
노아의 방주
모리아 산
아브라함
이스마엘
아랍민족
벧 엘
성 막
예루살렘 성전
솔로몬 왕
유 교
불 교
사 탄
유대교
예수 그리스도
초대교회
희랍(로마)신화종교
캐톨릭
이슬람교
로마캐톨릭
희랍정교
러시아정교
기타 원시기독교
초대교회
(원형)
종교개혁
캐톨릭
성공회
개신교

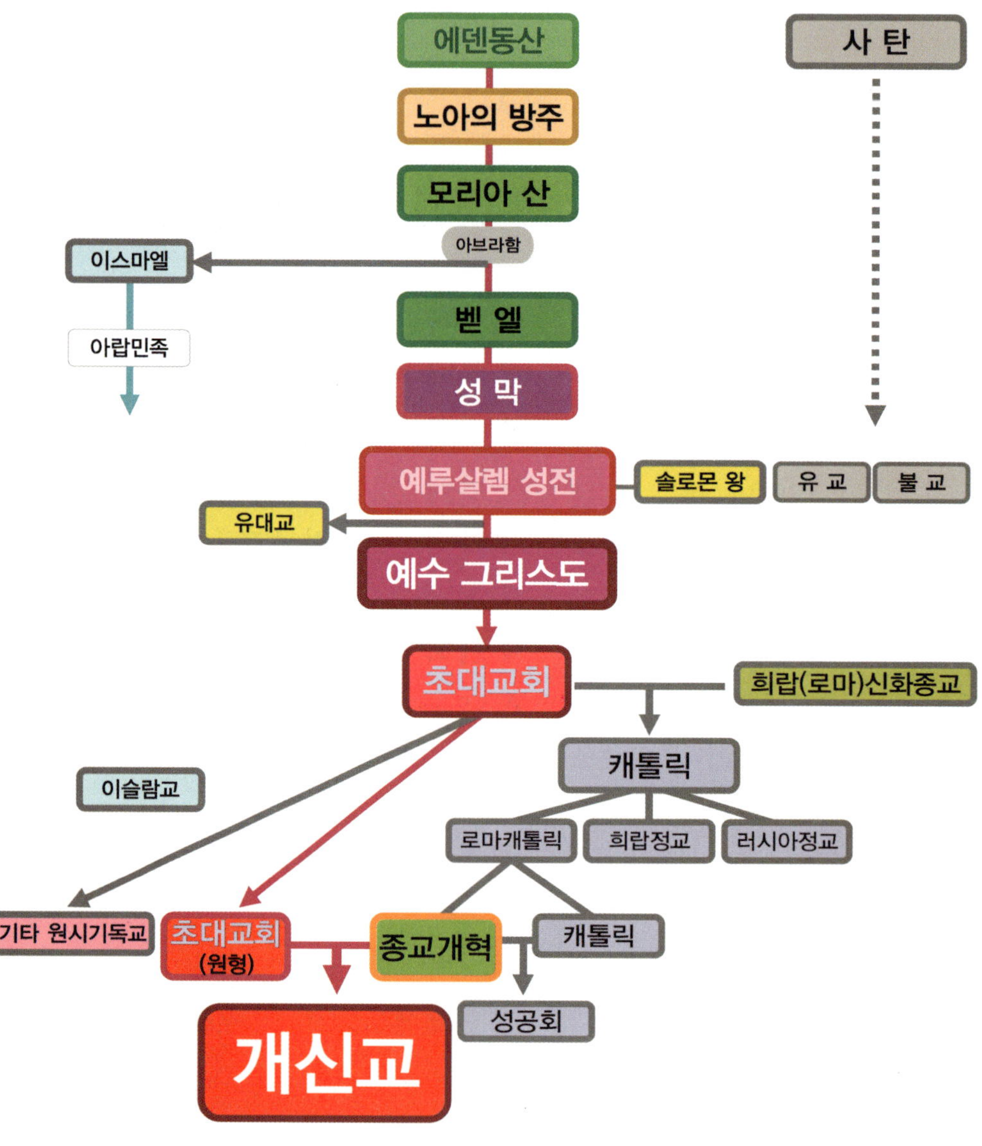

교회의 역사

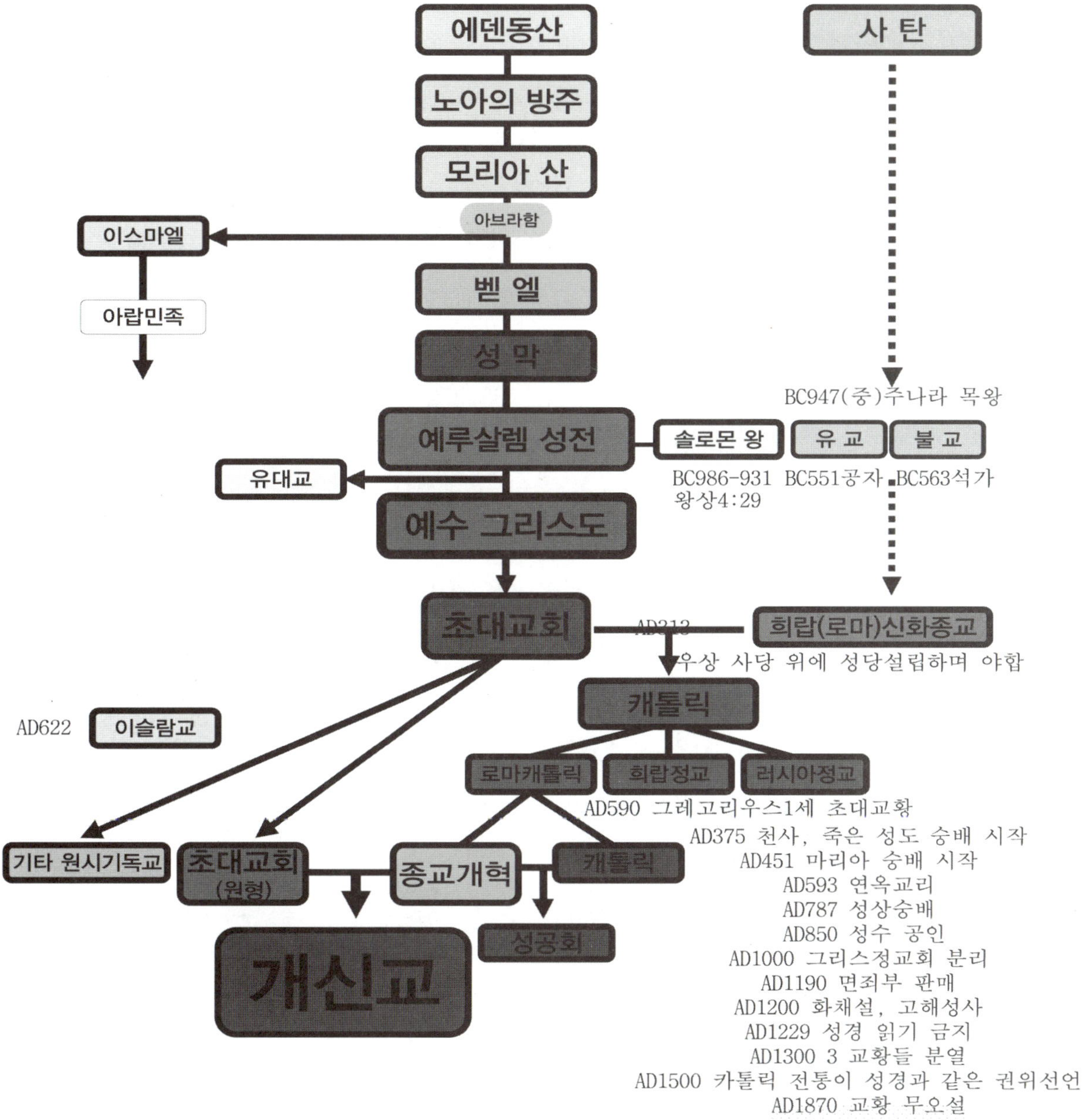

에덴동산
사 탄
노아의 방주
모리아 산
아브라함
이스마엘
아랍민족
벧 엘
성 막
BC947(중)주나라 목왕
예루살렘 성전
솔로몬 왕
유 교
불 교
유대교
BC986-931
왕상4:29
BC551공자
BC563석가
예수 그리스도
초대교회
AD313
희랍(로마)신화종교
우상 사당 위에 성당설립하며 야합
캐톨릭
AD622
이슬람교
로마캐톨릭
희랍정교
러시아정교
AD590 그레고리우스1세 초대교황
AD375 천사, 죽은 성도 숭배 시작
AD451 마리아 숭배 시작
AD593 연옥교리
AD787 성상숭배
AD850 성수 공인
AD1000 그리스정교회 분리
AD1190 면죄부 판매
AD1200 화채설, 고해성사
AD1229 성경 읽기 금지
AD1300 3 교황들 분열
AD1500 카톨릭 전통이 성경과 같은 권위선언
AD1870 교황 무오설
기타 원시기독교
초대교회
(원형)
종교개혁
캐톨릭
성공회
개신교

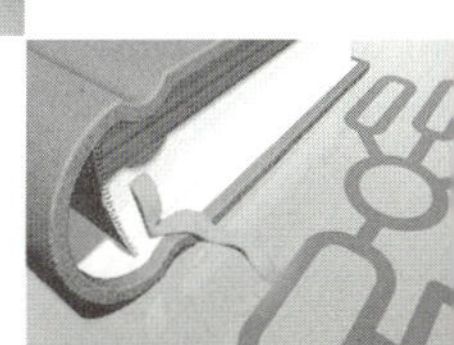

제 16 과 교회사의 시대 구분

1. 고대사 (A.D.1-590) 예수 그리스도로부터 고레고리우스 1세 즉위시까지

　(1) 사도시대(1-100) 그리스로부터 사도들의 활동이 끝날 때까지

　(2) 사도 후 시대(100-313) 콘스탄티누스 대제가 기독교를 허락할 때까지

　(3) 니케아 회의 시대(313-590) 초대 교황 그레고리우스 1세 즉위 시까지

2. 중세사(590-1517) 그레고리우스 1세 즉위부터 종교 개혁 시작까지

　(1) 과도 시대(590-800) 선교 발달기

　(2) 로마 교회 성장 시대 (800-1073) 그레고리 7세 즉위까지(동서교회 분리)

　(3) 로마 교회 전성시대(1073-1303) 교황 보니파키우스 8세 사망까지.

　(4) 로마 교회 쇠퇴 시대(1303-1517) 종교 개혁까지.

3. 근세사(1517- 현재).

　(1) 종교 개혁 시대(1517-1648) 종교 개혁 시작부터 베스트팔렌 강화 조약까지.

　(2) 근세 시대(1648-1800) 프랑스 혁명까지

로마 교회의 쇠퇴시대(1303-1517)

1. 문예 부흥-14세기와 15세기에 걸쳐 일어난 르네상스는 종교 개혁과 아울러 세
계 역사의 큰 변혁운동이었다.

2. 종교개혁 이전의 개혁자들

　(1) 교리적 개혁자 – 위클리프, 후스.

　(2) 실제적 개혁자 – 사보나롤라, 왈도.

　(3) 신비적 개혁자 – 어크하르트, 켐피스, 벳셀

3. 동 로마 제국의 멸망과 동방 교회

4. 예배와 생활

1) 예배 (1) 설교...탁발 교단과 아우구스티누스파의 설교는 감화를 주었다.

(2) 성경에 대한 새로운 관심...번역, 성경 역사, 교리문답 등으로 복음을 전파.

(3) 찬송가...일반인이 함께 부름.

2) 동방 교회의 예전 (7예전)

(1) 세례, (2) 견진, (3) 고해, (4) 신품, (5) 혼배, (6) 성전, (7) 성체

(8) 기타-성자의 화상, 십자가, 유물 예배가 왕성함.

3) 생활(1) 교회

a. 비용 확보를 위하여 속죄표 판매가 성행.

b. 종교 재판소로 탄압.

(2) 교직자

a. 고급 승려는 공공연히 축적함.

b. 하급 승려들의 축첩도 묵인함.

c. 수도원은 경제적으로 풍부하여 탁발을 중지하고 논쟁을 일삼음.

d. 엄격파는 이단으로 몰아 화형함.

e. 경건파 승려들과 평신도에 의해 〈공동 운명의 형제단〉이라는 단체가 일어남.

종교개혁시대(1517. 10.31.-)

Three Solas_ 'Sola Fide' , 'Sola Gratia' , 'Sola Scriptura'

마틴 루터의 95개 조항 선포. 개혁자들- 죤 칼빈, 쯔빙글리, 위클립 등

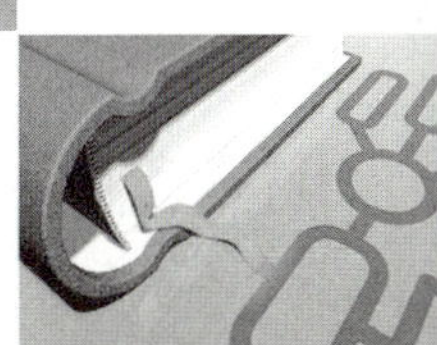

속 사람과 겉 사람 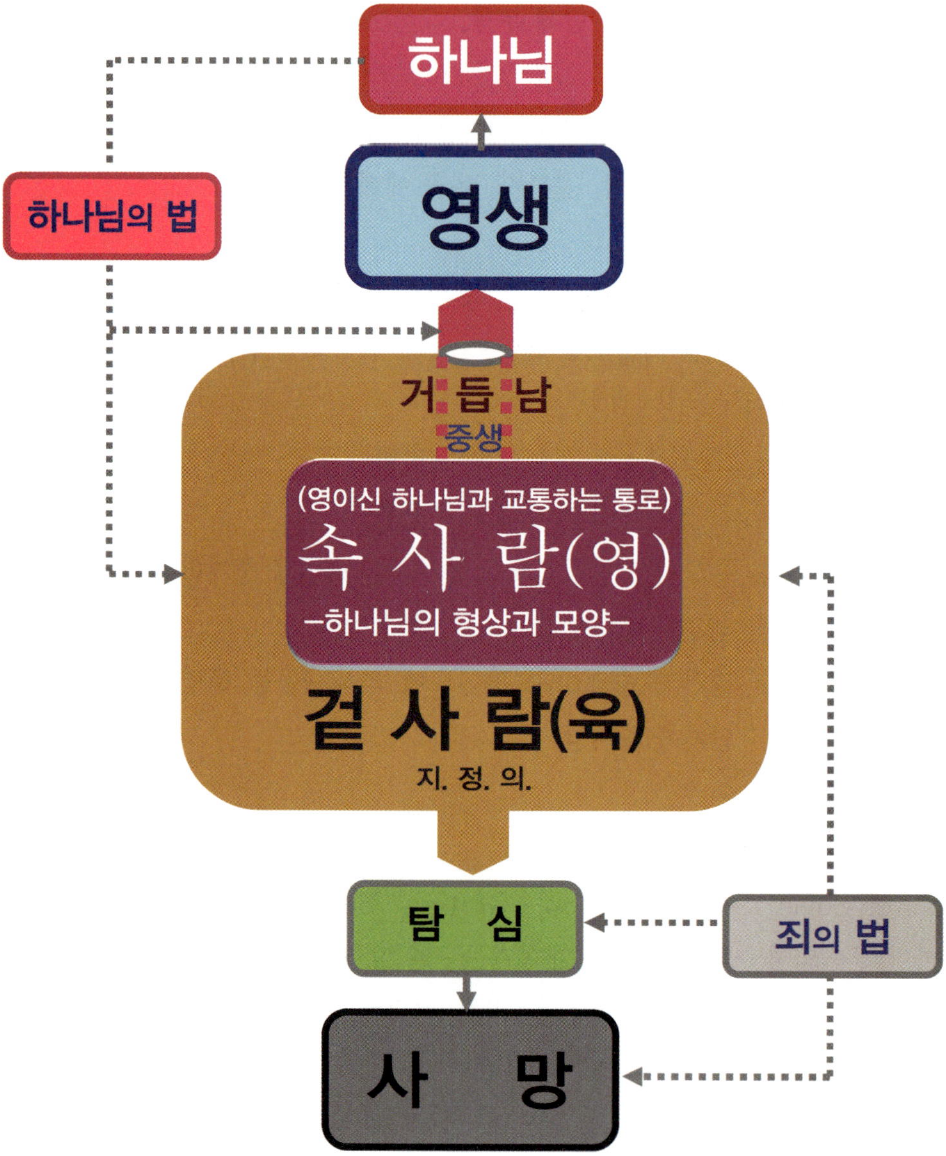
하나님
영생
하나님의 법
거듭남
중생
(영이신 하나님과 교통하는 통로)
속 사 람(영)
-하나님의 형상과 모양-
겉 사 람(육)
지. 정. 의.
탐 심
죄의 법
사 망

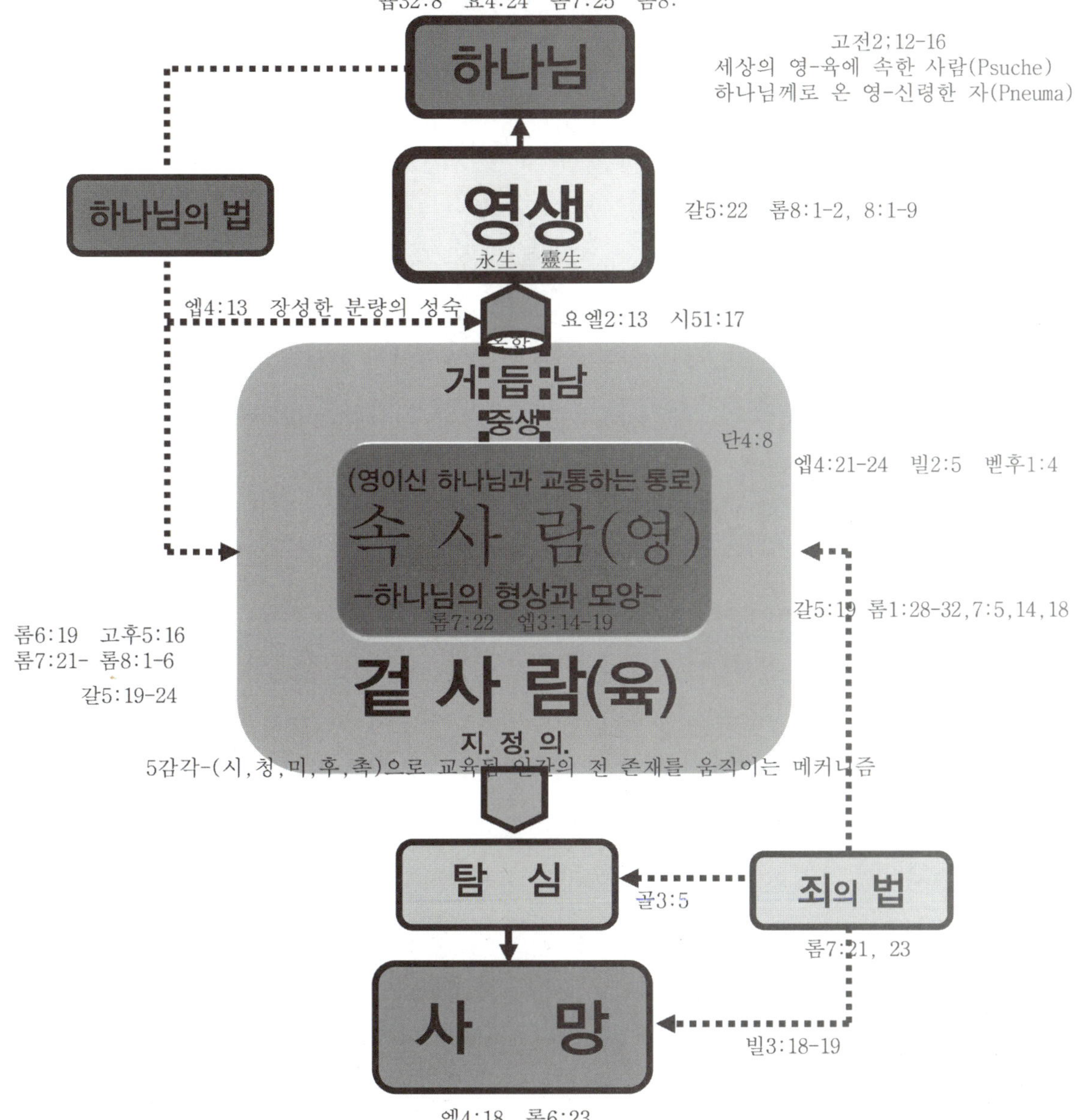

"선, 악" 참조   "영적리듬", "영적전쟁" 참조   "하나님의 형상과 모양" 참조   "믿음과 행함" 참조

제 17 과 겉사람과 속사람

"내 속사람으로는 하나님의 법을 즐거워하되-" (롬7:21-22, 6:19, 8:1-6)

"그의 성령으로 말미암아 너희 속사람을 능력으로 강건하게-" (엡3:16, 4:21-24)

"겉사람은 후패하나 우리의 속은 날로 새롭도다." (고후4:16)

성경은 사람을 겉사람과 속사람으로 나눈다.

속사람은 영적 존재를 의미하는 것으로서 하나님의 형상과 모양을 찾을 수 있는 곳이고 겉사람은 지. 정. 의가 있는 육적 존재를 의미하는 것이다.

이처럼 소위 만물의 영장이라 하는 인간은 다른 피조물과는 구별되게 탁월한 육적 존재와 특별한 영적 존재의 특성을 갖기 때문에 하나님께 예배할 수 있는 것이다.

겉사람과 속사람과의 관계

많은 사람들이 겉사람과 속사람이 가지고 있는 각각의 고유한 특성과 역할이 적절하게 쓰임 받지 못하는 경우가 많이 있다. 만일 하나님께서 누군가에게 영으로 말씀하시려할 때에 영(靈)인 속사람이 준비되어 있지 못하다면 당연히 겉(肉)사람으로서는 영이신 하나님과의 교류를 이룰 수 없게 될 것이다.

속사람의 본질인 영은 겉사람이라는 육의 메커니즘을 움직이는 에너지와 같은 것이다. 그런데 중요한 것은 하나님의 영 즉 성령은 우리에게 부여하신 영(하나님의 형상과 모양)을 무시하면서 우리 겉사람에게 직접 일하시지 않는다는 것이다. 만일 그러한 일이 발생한다면 하나님은 자신이 스스로 (하나님의 형상과 모양)를 부정하는 자기모순의 결과가 되는 것이다.

그렇기 때문에 우리의 속사람은 하나님의 명령이나 뜻을 받을 수 있도록 항상 민감하게 열려있어야 하고 더욱 중요한 것은 그 신호를 정확하게 인지하여 적절

하게 겉사람을 운영할 수 있어야 한다는 것이다.

그러기 위해서 우리의 속사람은 우리의 겉사람을 충분히 통제하고 관리하고 양육할 수 있도록 항상 하나님의 도우시는 보혜사 성령과 교통함이 이루어져야 한다. 그러나 이러한 영적 질서가 무너져서 겉사람이 전권을 가지고 통제한다면

결국 "육신의 생각은 사망 '(롬8:1-6)에 이르게 되는 것이다.

영적 조율

악기나 기계는 수시로 조율해야 한다. 겉사람도 일종의 메커니즘으로 본다면 당연히 조율이 필요한 것이다. 속사람도 영적 차원에서 역시 영적 조율이 필요한 것이다. 그런데 중요한 것은 우선순위이다. 하나님의 영인 성령으로 말미암았을 때 성령의 열매(갈5:22)를 맺게 되는 것이고 "생명의 성령의 법이 죄와 사망의 법에서 우리를 해방" (롬8:1-2)하게 되는 것이다.

하나님의 영으로 말미암는 성령의 역사하심 가운데서 살기 원한다면 먼저, 육의 옥합을 열어야 그 속에 있는 속사람과 하나님의 영이 만날 수 있는 것이다.

"그리스도의 장성한 분량" (엡4:13)에 이르기까지 속사람(영적존재)으로나 겉사람(육체적, 인격적존재)으로 성숙하는 것이다.

이처럼 겉사람의 자아를 열고 속사람의 영이 하나님과 동행하는 삶이 바로 영생(靈生)인 것이다.

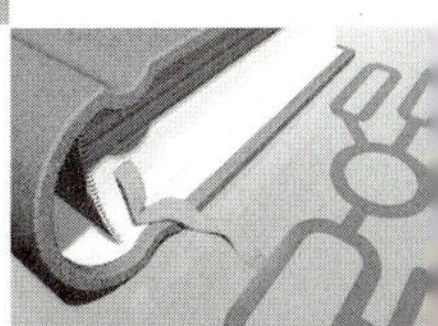

* 영적 리듬은 Biorhythm 및 Life cycle과도 연관된다.

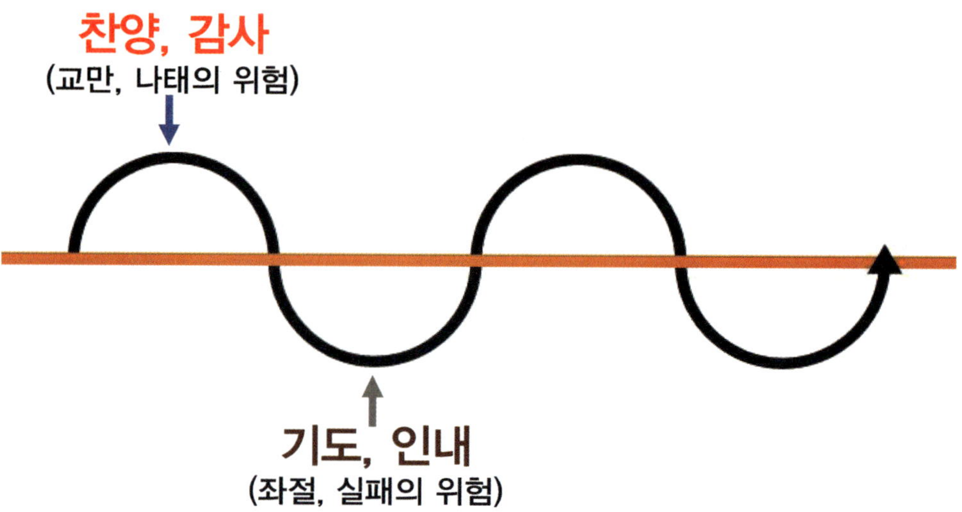

영적 리듬

* 영적 리듬은 Biorhythm 및 Life cycle과도 연관된다.

고후13:5 잠4:23, 16:32

시18:27, 55:22, 66:10-, 전7:14-15

68:19 욥36:24

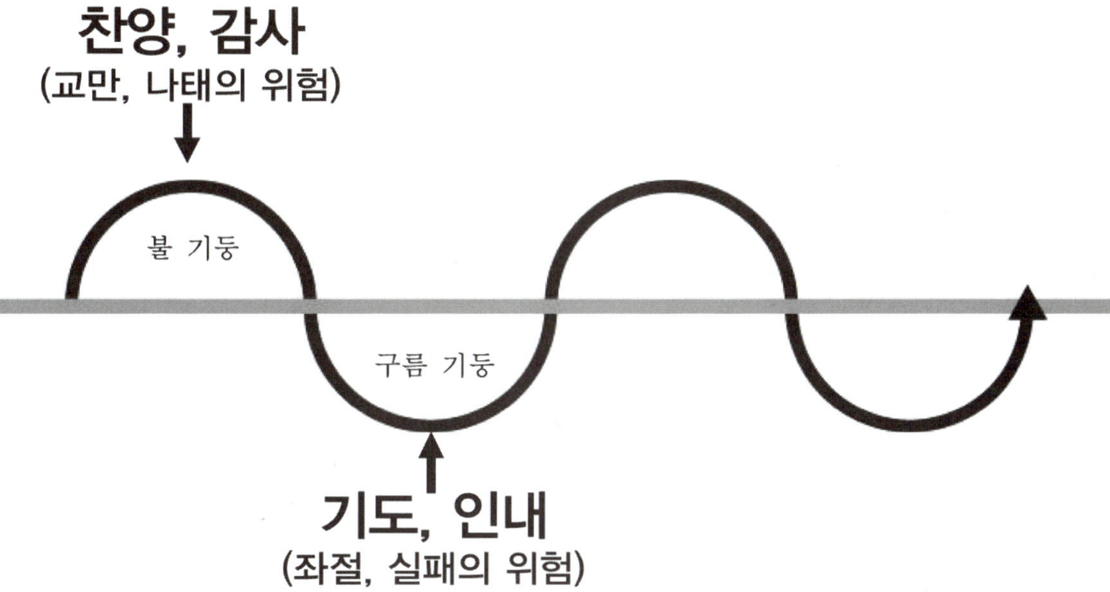

고후1:4-9 4:16 6:4-10 시34:6,19, 42:5, 22:24
시119:67, 71, 140:12, 119:153, 120:1 약5:13
욥36:15 전7:14 눅21:19 롬7:21-25

"영적 전쟁" 참조 "속 사람과 겉 사람" 참조 "하나님의 형상과 모양" 참조
"선, 악" 참조 "믿음과 행함" 참조 "긍휼" 참조

"성격형성 싸이클" 참조

제 18 과 영적리듬

인체에는 생체리듬이라는 것이 있듯이 영적 삶에도 파도와 같은 주기적인 영적리듬이 있고 그 모양과 특성을 달리한다. 영적리듬은 각 사람의 삶의 내용과 질에도 큰 영향을 주게 되므로 해서 영의 사람으로서의 영적 삶에 깊게 작용하게 된다.

문제는 생령인 성도들은 한 순간도 방심할 수 없는 신비한 영적세계에서 살고 있으며 이 영적세계는 또한 성령에 속한 사람들과 악의 영들에게 속한 사람들과의 다양하고 복잡한 관계 속에서 각각 자신의 정체성과 목적이 때로는 격돌하고 때로는 반목하는 일종의 치열한 영적 전투 상황에 처하게 된다.

그렇기 때문에 영의 사람들은 항상 깨어 경성하며 성령의 도우심 아래 진리안에서 영적 무장과 훈련을 철저히 해야 할 것이다. (딤전 1:18, 딤전 6:12) (엡 6:10-19)

영적 전투에서 패배한다는 것은 죽음을 의미할 뿐만 아니라 영벌을 의미하는 것이고 승리는 영생을 의미하는 것이다.

2. 승리의 관리

하나님께서 약속해 주신 말씀대로 우리의 대장이신 예수 그리스도를 믿고 사랑하며 하나님 나라의 십자가 군병이 되어 그를 따라갈 때에 세상을 이기신 예수님과 함께 "우리가 넉넉히 이길 수 있는 것" (롬 8:37)이다.

예수 그리스도와 함께 쟁취하는 이 승리는 결국 사망 권세를 이기는 최후 승리인 영생으로 이어지게 되는 것이며 이와 같은 승리의 삶을 우리들에게 주시는 하나님께 항상 감격하고 감사해야 할 것이다. (요일 5:4) (시68:19) (고전 15:57)

이 영적 관리는 항상 진리의 영으로 충만한 상태에서 전능하신 하나님을 찬양하고 감사하는 영적리듬을 안정되게 유지하면서 사탄에게 미미한 틈이라도 주지 말

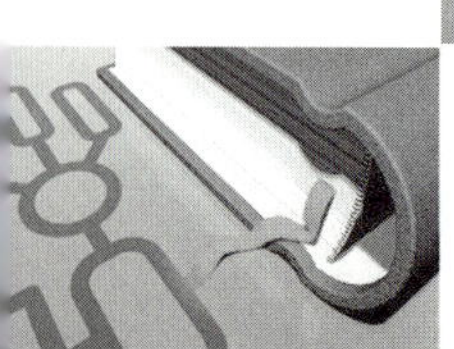

아야 할 것이다.

3. 실패의 관리

전도서 7:14에 "형통한 날에는 기뻐하고 곤고한 날에는 생각하라"고 했다.

야고보서 5:13에는 "너희 중에 고난당하는 자가 있느냐? 저는 기도할 것이요 즐거워하는 자가 있느냐? 저는 찬송할지니라."

누가복음 21:19에도 "너희 인내로 너희 영혼을 얻으리라."고 했다.

다윗은 '사람의 막대기와 인생의 채찍으로 연단되었다'고 고백하고 있다.

이처럼 실패한다는 것은 전적으로 부정적인 의미만 있는 것은 아니다. 오히려 실패로 인하여 승리의 가도에서 괘도수정 할 수 있으며 또 이전보다 더욱 강하고 성숙해질 수도 있는 것이다.

4. 결론 (고후 10:3-4)

하나님의 사람들은 자신의 영적 리듬의 특성과 모양을 잘 파악해서 적절히 조절하고 활용할 수 있어야한다. 즉, 사이클이 상향곡선에 이르러 기쁠 때에는 하나님을 향한 찬송과 감사를 하되 한편으로는 교만하거나 나태해 지지 않도록 관리해야 하며 또 사이클이 하향 곡선에 이르러 괴롭고 불안할 때에는 기도하고 인내하면서 한편으로는 시험에 들어 실족하게 되지 않도록 경계해야 한다.

이러한 영적 조절 능력은 영적 훈련과 양육에 의하여 배양되는 것이며 이 조절 능력으로 인하여 자신의 영적 리듬을 안정시키고 성숙한 영적사람이 되도록 할 수 있는 것이다.

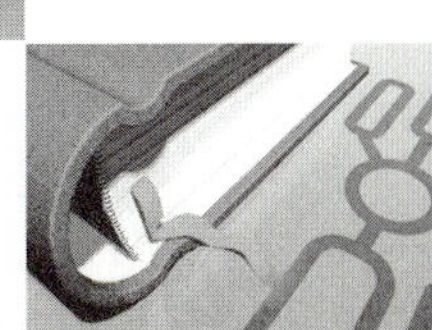

* 고전 15:57, 요일 5:4, 롬 8:37, 계 3:5-6, 2:7, 21:7

성령의 검
(말씀의 검)

(* 창 3:15, 골 2:15, 히 2:14-15)

영적 전쟁

* 고전 15:57, 요일 5:4, 롬 8:37, 계 3:5-6, 2:7, 21:7

고후6:7, 10:4   잠16:32   엡6:10-20   딤전6:11-12   계3:5, 21:7

딤후1:7, 4:7   요16:33   고전4:20, 15:57   수23:3

(* 창 3:15, 골 2:15, 히 2:14-15)

제 19 과 영적전쟁(靈的戰爭)

‘인간은 움직이는 내란’ 이라는 말이 있다. 싸움터는 마음속에 있는 것이다.(고후10:3-4) (딤전6:12)

영적 존재들이 살고 있는 이 세상에는 선한 영들과의 코이노니아로 인한 아름답고 귀한 열매들도 있지만 한편으로는 악한 영들로 인한 갈등과 격돌이 있어서 일종의 전쟁과 같은 양상의 ‘영적전쟁’ 또는 ‘영적전투’ 의 심각한 상황이 발생할 때도 있는 것이다.

사탄의 궁극적인 목적은 예측할 수 없는 간교한 수단과 방법을 가리지 않고 이 영적전쟁에서 하나님의 사람들을 실족케 하고 죄에 빠지게 하는 것이다.

그렇기 때문에 생령인 우리들은 한 순간도 방심할 수 없는 긴장된 영적 세계에서 하나님의 전신갑주(엡6:10-19)로 무장하고 영생을 위해 믿음의 선한 싸움을 지혜롭게 싸워서 최후 승리를 쟁취해야만 하는 것이다.

영적전투에서 패배는 영벌이고 승리는 영생인 것이다. 그러나 하나님의 사람들은 우리의 대장이신 예수 그리스도를 믿고 사랑하며 그의 십자가 군병이 되어서 그를 따라갈 때에 세상을 이기신 예수님과 함께 “이 모든 일에 우리를 사랑하시는 이로 말미암아 우리가 넉넉히 이길 수 있는 것” (롬8:37)이다. (요일5:4) (딤전1:18)

영의 세계는 결코 꿈이나 환상의 세계가 아니라 엄연한 현실세계이며 우리의 5감각을 초월한 차원 높은 세계이기도한 것이다.

"내가 선한 싸움을 싸우고 나의 달려갈 길을 마치고 믿음을 지켰으니 이제 후로는 나를 위하여 의의 면류관이 예비 되었으므로 주 곧 의로우신 재판장이 그 날에 내게 주실 것이니 내게만 아니라 주의 나타나심을 사모하는 모든 자에게니라."

전쟁이란 궁극적으로 승리하는 것이 목적이며 그리고 그 승패의 여부는 전능하신 여호와 하나님께 속한 것이다. 때문에 물론 맨 나중에 멸망 받을 적은 사망인 것이다.(수23:3) (고전15:57) (골2:15)

하나님의 자녀로 인침을 받은 우리들에게는 이미 승리가 약속되어 있고 또한 그 승리를 위해서 하나님께서는 우리들을 세상 끝 날까지 도와주시고 계신다.

이미 사탄은 창세기 3장 15절에서 "너로 여자와 원수가 되게 하고 너의 후손도 여자의 후손과 원수가 되게 하리니 여자의 후손은 네 머리를 상하게 할 것이요 너는 그의 발꿈치를 상하게 할 것이니라."고 말씀하심과 같이 이미 치명적으로 그 머리가 상했기 때문에 이 사탄이 죽는 것은 이제 시간문제인 것이다.

그러나 용 또는 옛 뱀 또는 마귀요 사탄으로 묘사된 죽어가는 뱀은 최후 발악으로 몸부림치고 있음으로 해서 믿음이 연약한 많은 사람들을 두려워하게 만들고 있다. 옛 뱀은 더 이상 그리스도의 사람들을 물어 죽일 능력이 없다. 왜냐하면 그 머리가 처참하게 부수어졌기 때문이다. (롬16:20) (사27:1) (계20:1-3) (계20:10) 다만 뱀의 그 속성적 모습에 미리 겁먹을 뿐인 것이다.

그나마도 주님 재림하시면 결국 그 뱀은 종말론적 최후가 될 것이다. (히2:14-15) (딤후1:7) (요16:33) (고전4:20) (엡6:17) (히4:12) (고후6:7) (요일5:4) (계3:5-6) (고전15:57) (고후2:14)사탄은 이기려고 몸부림치는 것이 그의 악한 도모이고 하나님의 사람들은 그와의 영적전쟁에서 그리스도와 함께 승리하는 것이 그의 선한사역인 것이다.

"이기는 그에게는 내가 하나님의 낙원에 있는 생명나무의 과실을 먹게 하리라."

"이기는 자는 이것들을 유업으로 얻으리라. 나는 저의 하나님이 되고 그는 내 아들이 되리라."

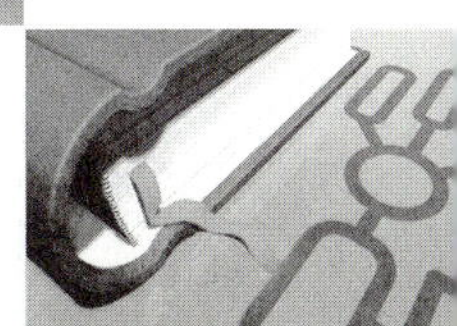

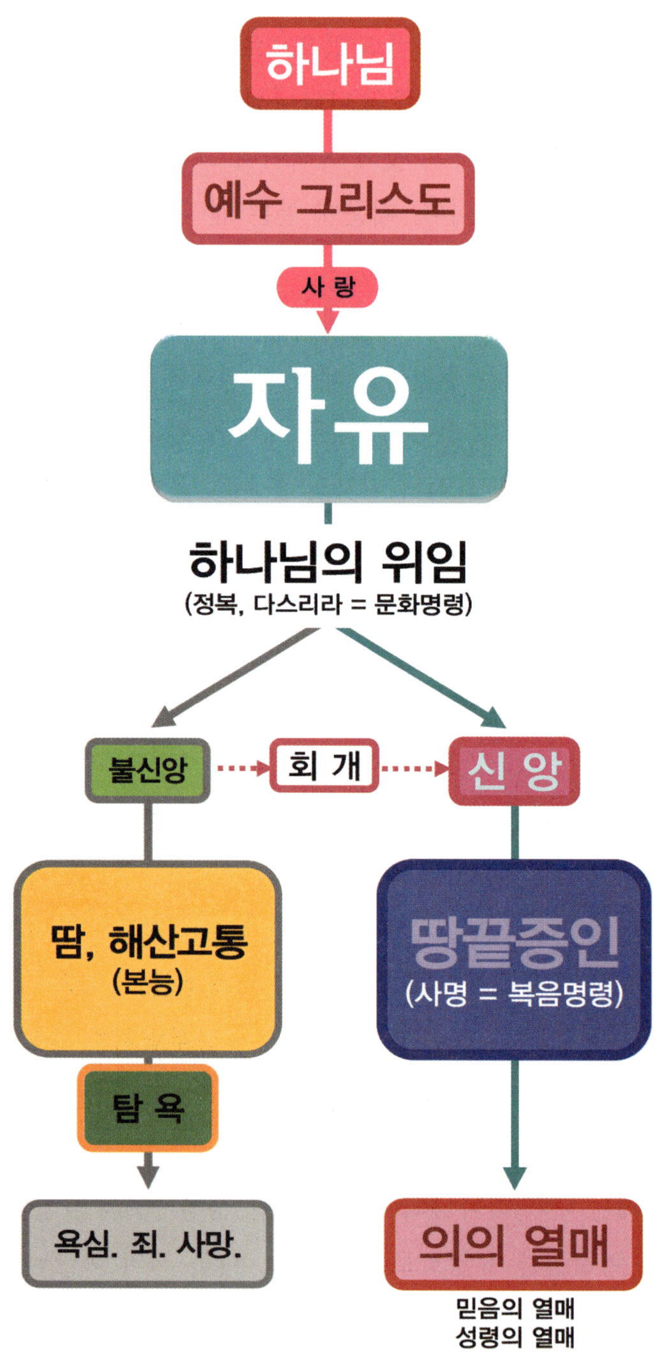

하나님
예수 그리스도
사 랑
자유
하나님의 위임
(정복, 다스리라 = 문화명령)
불신앙
회 개
신 앙
땀, 해산고통
(본능)
땅끝증인
(사명 = 복음명령)
탐 욕
욕심. 죄. 사망.
의의 열매
믿음의 열매
성령의 열매

갈5:1

"5대 강령" 참조

오리겐 "인간의 자유의지는 선, 악을 구별하는 이성의 능력이고 선, 악을 선택하는 의지의 능력이다."

어거스틴(칼빈) "자유는 인간이 하나님의 도움을 받을 때 의지로 선을 선택하고 은총의 도움이 없으면 악을 선택하는 이성과 의지의 능력이다."

하나님 절대의지

예수 그리스도

사 랑

자유-**칼빈주의**-하나님의 절대의지
(요6:44,롬9:18,21-23,8:29-31, 레20:24, 엡1:5,9, 11, 행2:23, 엡1:4, 3:11)
알미니안주의-인간의 자유의지
(요3:16   )

자유의 율법

고전7:22, 10:23 고후3:17
요8:32 약1:25

자유

자유는 근본적으로 의지에 있고 오성(梧性)에 있는 것이 아니다. 자유는 의지의 필수적 성질이다.

자유=/=방종(미숙.무지.무질서)

하나님의 위임
(정복, 다스리라 = 문화명령) 땅끝까지 제자삼음=복음명령

자유의지 불신앙 ·····> 회 개 ·····> 신 앙 은혜

불신의 근거는 교만과 탐욕에 있다

땀, 해산고통
(본능)

땅끝증인
(사명 = 복음명령)

탐 욕

욕심. 죄. 사망.

의의 열매
믿음의 열매
성령의 열매

"율법과 복음" 참조 "믿음과 행함" 참조 "권능" 참조

제 20 과 자유(自由)

자유는 "자유의 율법"이라고 말할 수 있다.

"진리를 알지니 진리가 너희를 자유케 하리라." (요8:32) (갈5:1) (갈5:13) (약 1:25, 2:12) (벧전2:16) (고전10:23,24)

하나님께서는 인간을 자신의 형상과 모양대로 창조하셨고 문화명령과 복음명령의 수행자로서의 충분한 권한을 위임하셨는데 그 기능적 장치가 바로 자유의지인 것이다. 따라서 인간의 자유의지는 하나님의 사랑이고 권위의 위임인 것이다.

인간은 이러한 권위를 선과 악 그리고 옳고 그름의 판단을 할 때에 규범윤리와 상황윤리로 나누어 생각하게 된다.

누구든 상황을 전혀 고려하지 않고 판단을 내릴 수 없다. 따라서 신앙인의 삶에 있어서 공의로운 삶은 진리의 법칙에 의해서 지배되는 사랑의 윤리가 규범이 되고 책임이 따라야할 것이다.

인간의 자유의지의 길목에는 다음과 같은 걸림돌들도 있다.

자만, 불안정, 우울함, 완벽주의, 냉소적인 태도 등이다.

초대 교회의 기독교 교부인 오리겐(Origen)은 '인간의 자유의지는 선악을 구별하는 이성의 능력이고 선과 악을 선택하는 의지의 능력' 이라고 말한다.

어거스틴은 '인간이 하나님의 은총의 도움을 받을 때 의지로 선을 선택하고 은총의 도움이 없으면 악을 선택하는 이성과 의지의 능력' 이라고 말한다. 어거스틴은 자유의지를 이성과 의지의 기능으로 보며 은혜의 도움을 받아 선을 택하고 은혜가 없으면 악을 택하게 된다고 한다.

칼빈은 어거스틴의 주장을 인정하면서 자유가 전적 하나님의 은혜에 의존함을 주장하며 이는 교만한 자를 물리치고 겸손한 자에게 은혜 주시는 하나님 앞에서 인간은 자신의 어떤 힘이나 의견을 주장해서는 안된다는 것이다.

자유의지는 선행하는 하나님의 은혜로 지도를 받는다. 인간의지는 은혜로 자유를 얻어 선으로 전향되며 계속 선하게 나아간다. 하나님의 뜻에만 절대의존하는 것이다.

이처럼 자유의지는 하나님의 은혜로 선을 행하게 된다. 하나님의 절대은총의 표현인 예정에 의해 선택받은 자의 자유의지가 회복되며 은총으로만 하나님의 뜻을 이룰 수 있는 것이다.

칼빈은 "인간의 의지는 죄의 노예가 되어서 의를 행할 수 있는 능력을 상실했기 때문에 하나님의 은총이 해방하여 주지 않는 한 인간의 의지는 부자유하다는 것이다. 진정한 인간의 자유의지가 우리에게 건설되는 것은 "은총의 도움"으로만 가능하다는 것이다.

결국 인간의 자유의지도 그 결정된 열매에 의하여 평가되어지는 것이다.

의의 열매, 믿음의 열매, 성령의 열매(갈6:22-24)를 어떻게 맺었는가?

아니면 어떤 육체의 열매(갈6:19-20)를 맺었는가? 하는 책임은 그 의지의 주체에 달려 있는 것이다.

믿음과 행함

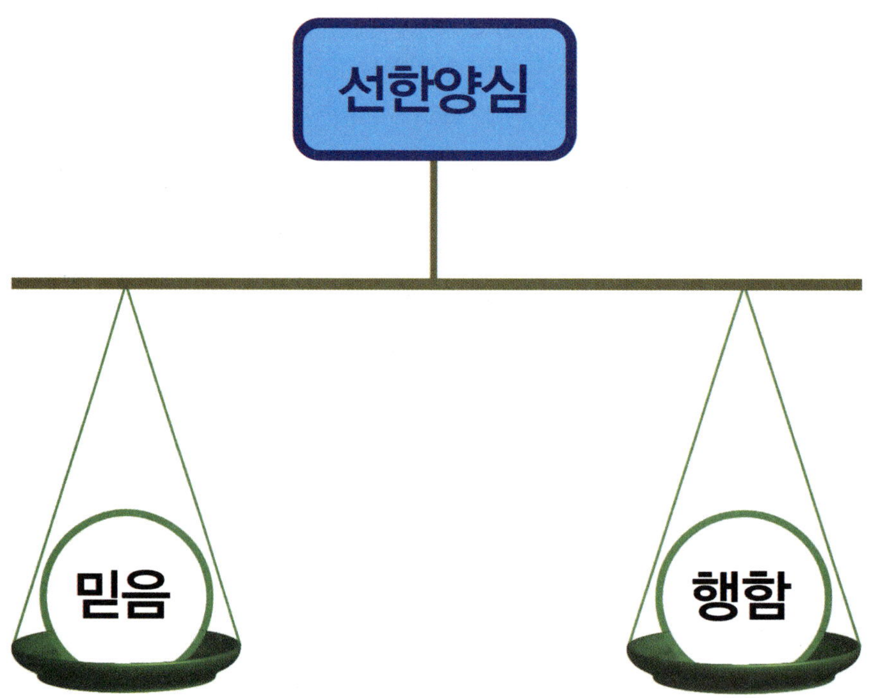

믿음과 행함

빌4:9   요1서3:18-19   마28:19-20   빌1:27-   롬3:20   눅11:43

삼상2:3   전12:14

선한양심

삼상16:7

우주(동,식물)적 균형-진,선,미   삼상16:7
균형유지는 성숙한 인간의 덕
조율(Tunning)

(돈오돈수/돈오점수)   (선지후행/지행합일)

믿음

행함

엡2:8-9   히11:-   롬3:22,4:3,5:1.10:10
합2:4   롬1:17

빌4:9   마7:21   시50:23   사3:10   롬2:6-15
약1:22-25, 2:14-25   욥4:6   갈2:16
대하15:7   눅10:25-   마28:19-20   빌1:27-
눅11:42

토마스 아퀴나스 "사람은 행위를 보고 하나님은 의도를 보신다."

"사명" 참조   "믿음의 목적" 참조   "선교" 참조   "권능" 참조

제 21 과 믿음과 행함

  믿음과 행함의 문제는 상호 연관되고 보완되면서 성경 전체 안에서 균형을 이루는 유기적 관계로 보아야할 것이다.

  균형이란 절대적 개념이 아닌 상대적 개념이다. 또한 균형이란 평균을 의미하거나 통일을 의미하지도 않는다. 균형은 조직하고 식별하는 일 즉, 혼란되거나 잡다한 집합에 조화된 질서의 외관을 갖추게 하는 것이고 그래서 그 안정된 결과는 행복인 것이다.

  기독교 신앙에 있어서 이 균형의 문제는 교리(도그마-dogma)를 정립하는 문제만큼이나 중요한 실천적 신학과제인 것이다.

믿음과 행함의 균형은 성숙한 신앙의 척도

  믿음과 행함의 균형은 의(義)이고 사랑이며 불균형은 불의이고 미움인 것이다.

  우주만물의 생성소멸은 균형유지를 위한 일종의 자연스러운 유기적 생명현상의 순환이며 또한 이와 같은 것들의 배후에는 하나님의 신적 섭리가 있으며 인간은 그 중심에서 문화명령 수행자로서 하나님의 의지의 주 대상이고 모티브(motive)가 되는 것이다. 그러나 이러한 믿음과 행함의 관계가 불균형으로 인하여 뒤바뀌거나 혼란이 야기 될 때에는 역설(paradox)이 되는 것이다.

  급속도로 변화하는 이 세상에서 완전한 해답이란 존재하지 않는다. 우리는 불완전한 이 인본주의를 내려놓고 진리 안에서 성숙한 믿음과 행함 그리고 성령의 조명을 받으며 성결한 삶을 향하여 앞으로 전진해 나아가야한다. 그래서 최선을 다하여 우리가 당면하고 있는 하나님의 나라와 뜻을 이루는 특별한 사명과 공중권세 잡은 자들의 역설들을 다스려야 한다.

믿음이 없는 이 패역한 시대에 믿음과 행함의 균형을 잡는다는 것은 현재의 삶 속에 천지창조로 시작된 태초의 과거와 새 하늘과 새 땅이 도래할 미래가 공존하도록 만드는 특별히 선택된 자들의 귀중한 사역인 것이다.

루터를 비롯한 여러 신학자들이 주장하는 두 나라의 개념도 양단의 이분법적 단순 논리가 아니라 실존과 역사 안에서 발생하는 여러 가지의 균형과 불균형에 따른 갈등과 모순의 대립이요 모호성과 긴장의 표현이라고 볼 수 있는 것이다.

"기독교인은 개혁교회적 견해에 따라서 두 영역에 동시에 사는 것이 아니라 그리스도의 주권에 순종하여 이 세상의 상황 속에 서서 사는 것"이다.

기독교인의 삶과 교회가 언제나 당면하는 이중의 위기, 곧 동일성 유지와 의미성 발견의 갈등을 회피하거나 어느 한 쪽을 희생시키거나 또는 치우치지 않고서 오히려 그 균형을 유지하는 것이 복음이 해결해야할 중요 과제 중에 하나라고 보고 복음의 본질의 입장에서 그 사명적 균형을 능동적으로 찾아야 할 것이다.

그래서 믿음과 행함의 균형 문제는 지속적으로 궤도수정하며 진행하여 나아가는 영적 프로세스인 것이다.

영적인 균형을 유지해야하는 기독교의 신앙은 어느 한 쪽에서 분명한 색깔을 가져야하는 사상이나 문화가 아닌 것이다.

믿음과 행함은 하나님께로 나아가는 두 다리와 같다.

여기에서 믿음은 신비주의나 기복신앙이 아닌 의의 믿음이고 그리고 행함은 율법의 이행이 아닌 야고보서에서 가르치고 있는 열매있는 믿음인 것이다.(미 6:8)

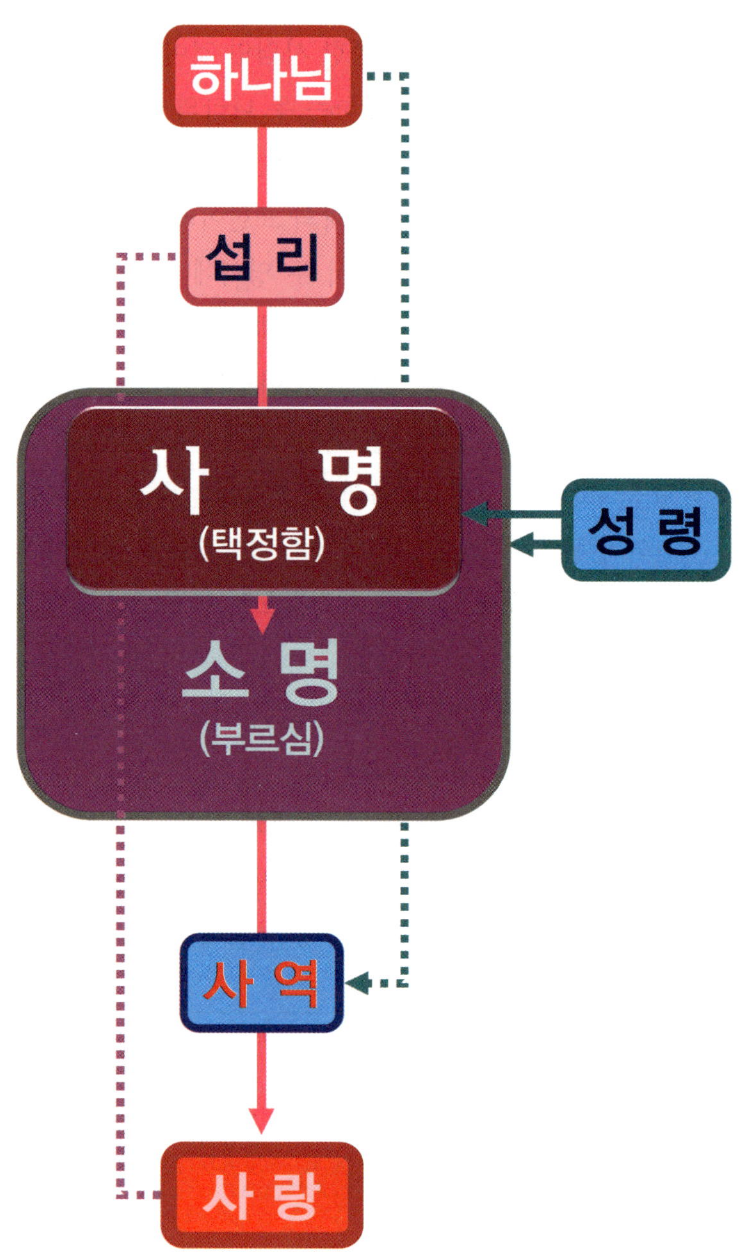

하나님
섭 리
사 명
(택정함)
성 령
소 명
(부르심)
사 역
사 랑

교회의 직분은 특권이 아니고 책임과 사명이다.

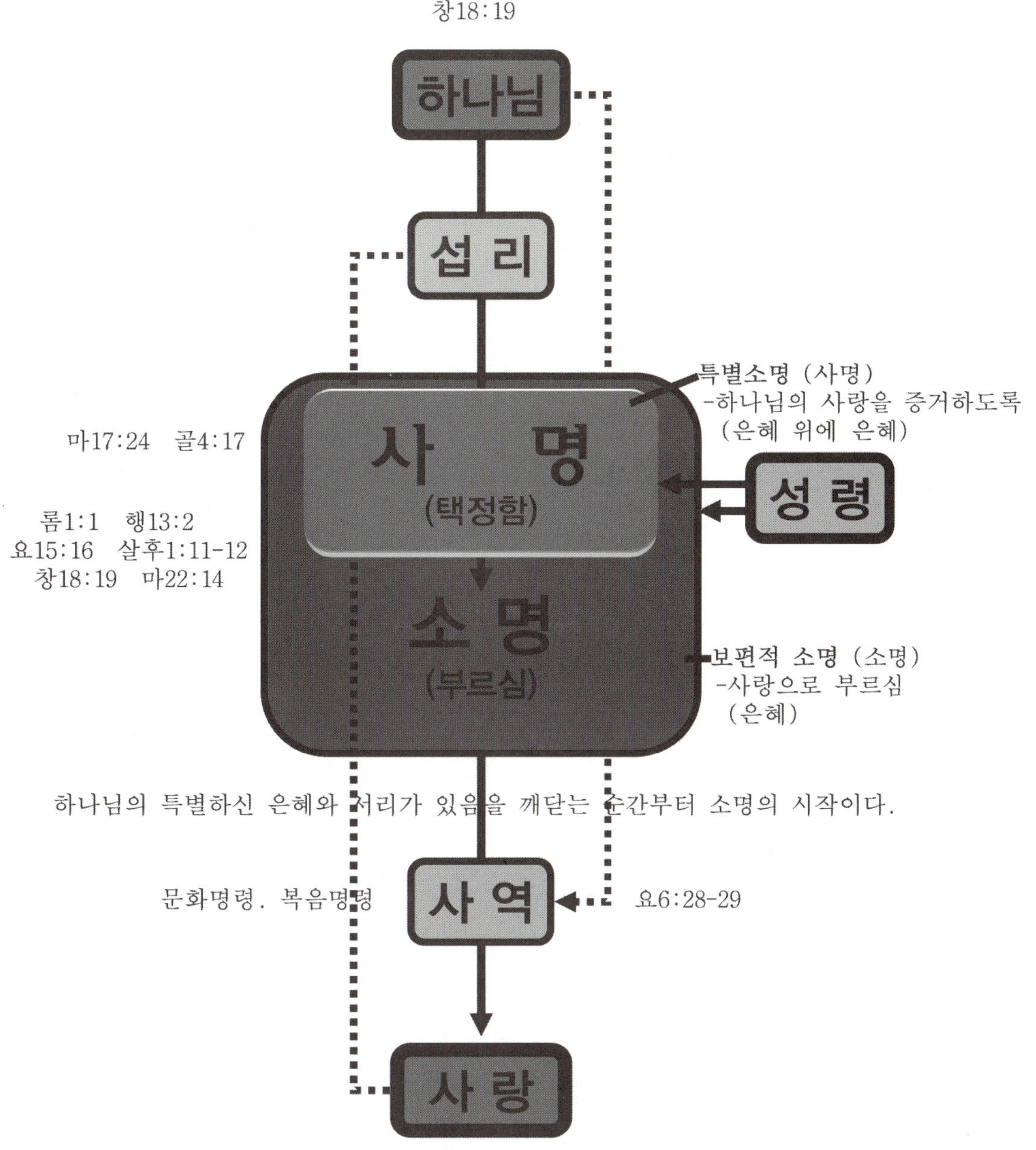

"믿음과 행함" 참조   "하나님의 형상과 모양" 참조   "천지창조" 참조   "선교" 참조   "믿음의 목적" 참조

제 22 과 사명과 소명

소명은 하나님께서 우리 영혼에게 보내는 일종의 작전명령(mission)이다.

이 소명에 순종하는 사명(mission)은 하나님을 사랑하는 영의 사람들에게 부여되는 하나님의 명령(commission)인 것이다. 이 명령은 명령의 수행자인 하나님의 다양한 사람들 각각에게 개인적으로 부여되는 특성이 있다. 그래서 하나님께서는 어떻게 사람들을 각각 다 다르게 만드실 수 있는가?가 아니라 왜 각자 독특하게 만드셨는가? 하는 것이다.

하나님께서는 모든 사람들의 다양하고 독특하고 개별적으로 은밀한 모든 것을 사용하시기 위함인 것이다. 하나님나라에는 특출한 몇몇 사람만 필요한 것이 아니다.

우리 각자는 하나님에게 그의 특별하신 뜻과 계획이 있는 주 대상(motive)이고 또한 그의 선하시고 온전하시고 기뻐하시는 뜻을 이루어 나가는 동역자(partner)이기도 한 것이다. 그렇기 때문에 소명의 대상자인 영혼들과 이미 사명의 의식이 구체화 되어 가고 있는 각 사명자들은 천하보다 귀한 것이다.

하나님은 다양함 속에서의 아름다운 조화를 창조하시는 분이시다. 마치 오케스트라의 지휘자와 같은 분으로서 악보의 한 점 한 점과 단원들 한 사람 한 사람의 작은 호흡과 심지어는 공연장 전체의 환경까지도 중요하게 다루는 것처럼 우주와 그 속에 있는 각자를 그의 보시기에 좋게 섭리하는 분이시다.

이러한 하나님의 부르심은 1차적으로는 죄인들을 회개시키기 위한 것이지만(마 9:13, 막2:17, 눅5:32 등) 2차적으로는 하나님의 영광을 나타내기 위함인 것이다.

즉, 소명의 목적은

1) 하나님 사랑의 코이노니아로의 초청이고,

2) 영생의 소망에 동참하는 것이고,

3) 의의 열매를 통한 하나님 영광에 이르는 것이다.

그러나 이와 같은 부르심을 거부할 수도 있는데 문제는 그 부르심 즉, 택정함의 은혜는 다른 누군가에게로 촛대가 전이되어 간다는 것이다. (롬9장-11장)

하나님의 부르심에 응답한 하나님의 사람들로 구성된 하나님의 나라는 서로 다른 지체들로 구성된 코이노니아이며 그 사랑의 공동체 안에 각 사람은 하나님의 사랑에 감격하고 그 사랑을 구체적으로 표현하는 다양한 사역의 일원인 것이다.

"내가 너를 택하여 세웠나니-과실을 맺게 하고-" (롬1:1, 행13:2, 요15:16)

하나님의 부르심(소명-callings)과 택하심(사명-calling)은 하나님의 기준과 뜻에 따라 특별하게 이루어지는 우주적인 사건인 것이다.

이처럼 참 신앙은 신께서 인간을 부르심에 순종하고 감사하는 것이다.

이 부르심은 "거룩한 부르심"(딤후1:9)이고 "하늘의 부르심"(히3;1)인 것이다.

그렇기 때문에 "부르심에 합당한 자"(살후 1:11-12)가 되어야 하는 것이며 그에 합당한 열매가 있어야 하는 것이다. 따라서 이 일은 필수적으로 보혜사 성령의 도우심(동역)이 있어야 하는 것이다. 왜냐하면 이 일은 하나님의 계획(섭리)에 따른 하나님의 사역이기 때문이다.

이처럼 하나님의 특별한 섭리가 자신에게 있다는 것을 깨닫는 순간부터 소명은 시작되고 그 구체적인 일을 계획하는 순간부터 사명이 시작되는 것이다.

이렇듯 한 사람의 영혼 속에서 사명을 확신하는 영적 성숙함은 구원에 머물지 않고 믿음의 성화를 가속화시키는 원동력이 되며 이 힘에 의하여 사역의 열매가 맺어짐에 따라 하나님의 나라는 추진력을 얻게 되는 것이다.

하나님의 나라는 말에 있지 아니하고 능력에 있는 것이다.

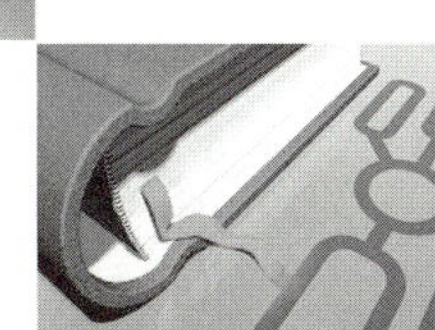

그리스도인의 믿음과 성장 (초급편)

2008년 4월 29일 초판 1쇄 인쇄
2008년 5월   1일 초판 1쇄 발행

지은이 / 이준철
펴낸이 / 김효원
출판등록 / 2002. 6. 27 (제 7-246호)

주소 / 서울 도봉구 창2동 296-37호
전화 / 02-993-9480
Fax / 02-997-7261
http://www.ayaaya.co.kr

값 5,500 원

세정출판사 2008. printed in Korea
※ 파본은 교환해드립니다.

내외선교전략연구소
E-mail Add : pwckorea@hanmail.net
국민은행 008-21-0807-990 이준철
(017-301-6522)

총판 : 선교 횃불 전화 02)2203-2739
                          팩스 02)2203-2738
송파구 삼전동 103번지 **도서출판 선교횃불**